VOIR LES ANIMAUX

Étonnants insectes

RODOLPHE ROUGERIE

FLEURUS

Éditions Fleurus, 15-27, rue Moussorgski, 75018 Paris
www.editionsfleurus.com

À Lisa-Lou et Rémi.

*Un grand merci à mes parents et à Laurence pour leurs patientes relectures,
ainsi qu'à Robert Thompson pour sa gentillesse et sa précieuse collaboration.*

Texte : Rodolphe Rougerie
Conception graphique de la collection : Studio Bosson
Packaging éditorial et graphique : Sarbacane : Cécile Galatoire, Jean-Marie Donat
Contribution rédactionnelle : Cécile Reichenbach

Film : La Grande Parade des coléoptères
(Beetlemania)
Producer : Nick Upton
Executive Producer : John Sparks
A Green Umbrella co-production in association with National Geographic for the BBC 2000

Direction éditoriale : Christophe Savouré
Direction du développement : Nicolas Ragonneau
Direction artistique : Laurent Quellet
Fabrication : Marie Guibert et Thierry Dubus

L'éditeur tient à remercier Philippe Darge, Paul Verhoeven,
Jean-Marie Tracol et le Muséum national d'Histoire naturelle.

Dépôt légal : avril 2006
ISBN 10 : 2 215 05351-8
ISBN 13 : 978 2 215 05351-4
N° d'édition : 93717
1re édition

Photogravure : Open Graphic
Achevé d'imprimer sur les presses de l'imprimerie Proost (Belgique).
Loi n°49-956 du 16 juillet 1949 sur les publications destinées à la jeunesse.

Petit mode d'emploi...

Un **texte introductif** ouvre la double page sur le thème abordé.

Des **encadrés** proposent un éclairage particulier sur un thème précis.

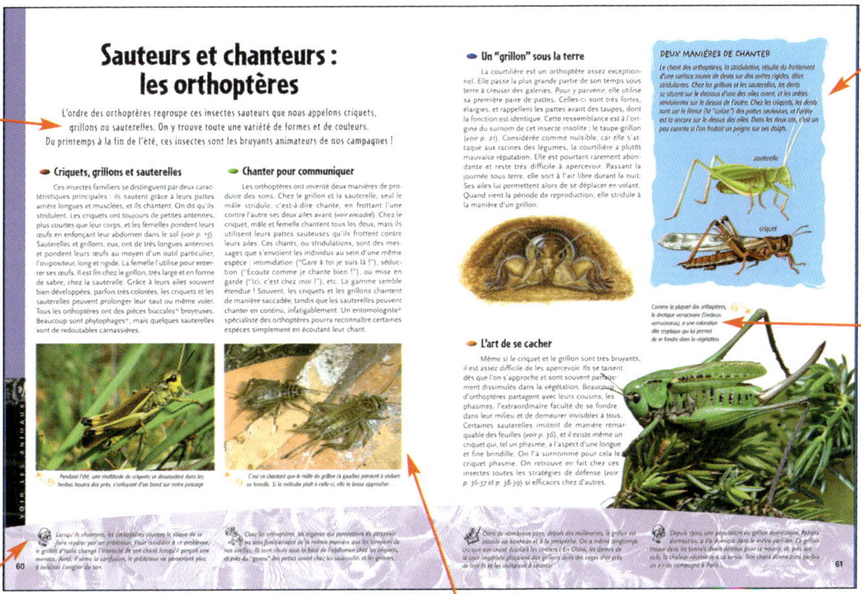

Des **légendes** permettent de replacer les documents dans leur contexte.

Une **frise**, déroulée sur l'ensemble du livre, apporte des informations anecdotiques en rapport avec la double page.

Des **photos** et des **dessins** illustrent les différents aspects de la vie des insectes.

Les photos portant le logo DVD sont extraites du DVD *La Grande Parade des coléoptères*.

L'astérisque (*) signale les mots expliqués dans le **lexique** à leur première apparition sur une double page.

Les **pictogrammes** de la frise aident à identifier la nature de l'événement :

Observation

Anatomie

Histoire et paléontologie

Culture

Protection de la nature

Nature en danger

Chiffres et records

Sommaire

Une longue histoire

Il y a près de 400 millions d'années, de très petits arthropodes* dotés de 6 pattes articulées vivaient sur terre. Au cours d'une longue, très longue évolution, ils se sont transformés pour donner naissance aux animaux les plus variés de notre planète : les insectes.

Il y a 250 millions d'années, alors que des libellules géantes sillonnaient les airs, de nombreux insectes aux formes très voisines de celles des espèces actuelles étaient déjà présents sur notre planète. Certains ont été prisonniers de coulées de résine et se sont conservés jusqu'à nos jours dans l'ambre.

Piégés dans la résine

Connaître l'histoire de la vie sur terre est une véritable enquête policière menée par des spécialistes : les paléontologues. Ces scientifiques sont à la recherche des fossiles*. Les insectes ont rarement laissé dans la roche des preuves de leur existence passée, comme l'ont fait les dinosaures ou d'autres gros animaux. Mais par chance, quelques très petits insectes ont été pris au piège de la résine coulant du tronc de grands conifères. Avec le temps, cette résine a formé l'ambre (*voir ci-contre*), une matière dure, transparente, dans laquelle les insectes ont été parfaitement conservés (fossilisés) jusqu'à nos jours.

Les insectes et les entognathes possèdent tous 6 pattes, ce sont des hexapodes (voir illustration en page de droite). Leur ancêtre est encore une énigme pour les scientifiques. Certains pensent qu'il s'agissait d'un crustacé (comme les crevettes). D'autres pensent plutôt à un myriapode (comme les mille-pattes).*

Dans le film Jurassic Park, réalisé en 1993 par Steven Spielberg, un savant nommé John Hammond parvient à recréer d'authentiques dinosaures en prélevant leur ADN à partir du sang contenu dans le tube digestif de moustiques conservés dans l'ambre.*

L'origine des insectes

Grâce aux fossiles et à l'ambre (*voir ci-dessus*), les paléontologues ont découvert que de petits arthropodes à 6 pattes, des hexapodes, existaient sur notre planète il y a plus de 400 millions d'années. Leur corps se divisait en 3 parties : la tête, le thorax et l'abdomen. Ils n'avaient pas d'ailes. Les scientifiques pensent qu'ils vivaient dans le sol et qu'ils se nourrissaient de plantes mortes ou de champignons. Évoluant au fil du temps, ils ont donné naissance à deux lignées. La première est peu connue et peu diversifiée. Elle regroupe des animaux aux pièces buccales* cachées comme les collemboles : on l'appelle la lignée des entognathes*. La seconde a connu un incroyable succès. Ses représentants ont les pièces buccales visibles. Ce sont les insectes.

Les collemboles sont de proches parents des insectes. Longs de quelques millimètres, souvent blancs et capables de sauter, ils vivent dans le sol des forêts. Chez soi, on peut en voir sur la terre des pots de fleur. Des fossiles prouvent qu'ils étaient déjà présents sur terre il y a 400 millions d'années !

Une extraordinaire multiplication

Au cours de leur très longue histoire, les insectes ont vu leur nombre et leurs variétés augmenter de façon spectaculaire. Prenant de nouvelles formes et adoptant de nouveaux modes de vie, ils sont parvenus à s'adapter à tous les milieux. Beaucoup vivent en étroite relation avec les plantes, qui leur servent de nourriture ou d'abri. Aussi, lorsque les plantes à fleurs se sont multipliées et diversifiées il y a 100 millions d'années, elles ont entraîné l'apparition d'une multitude de nouvelles espèces d'insectes. La réussite de ces animaux tient aussi à d'extraordinaires inventions. Une carapace externe rigide et légère les protège. On l'appelle la cuticule*. Les ailes leur ont offert la possibilité de conquérir les airs et de fuir le danger à toute vitesse. La métamorphose* leur a permis de vivre successivement deux existences différentes et complémentaires, en tant que larve* d'abord, puis en tant qu'adulte : la larve mange et accumule des réserves, l'adulte se reproduit pour perpétuer son espèce.

Les mammifères se sont diversifiés après la disparition des dinosaures, il y a 65 millions d'années. L'Homo sapiens existe depuis 100 000 ans. Les insectes peuplent la terre depuis beaucoup plus longtemps : près de 400 millions d'années !

Il y a 300 millions d'années, des libellules géantes vivaient sur terre. L'une d'elles, appelée meganeura, pouvait atteindre 80 cm d'envergure. C'était une redoutable prédatrice pouvant attaquer des animaux de la taille d'une souris.

La Terre des insectes

La Terre : “notre” planète. En nous appropriant si facilement ce monde et ses richesses, nous ignorons bien souvent que nous n’en sommes qu’une toute petite partie. Un simple coup d’œil sur cette représentation symbolique de la diversité des espèces ne laisse pourtant aucun doute : nous sommes sur la planète des insectes !

Ces quelques chiffres permettent de se rendre compte de la diversité des principaux groupes d’insectes : on connaît 370 000 espèces de coléoptères (scarabées) ; 200 000 d’hyménoptères (guêpes, fourmis) ; 165 000 de lépidoptères (papillons) ; 120 000 de diptères (mouches, moustiques) ; 82 000 d’hémiptères (pucerons, punaises).

En dépit de leurs fortes capacités de résistance et d’adaptation, les insectes sont particulièrement affectés par les bouleversements trop rapides causés par l’homme sur leur environnement. Ainsi, de nombreuses espèces disparaissent avant même d’avoir été découvertes.

Dans ce paysage, chacun des principaux groupes d'êtres vivants a été représenté par un dessin dont la taille est proportionnelle au nombre d'espèces qu'il renferme. On réalise ainsi à quel point les insectes sont de très loin les plus diversifiés.

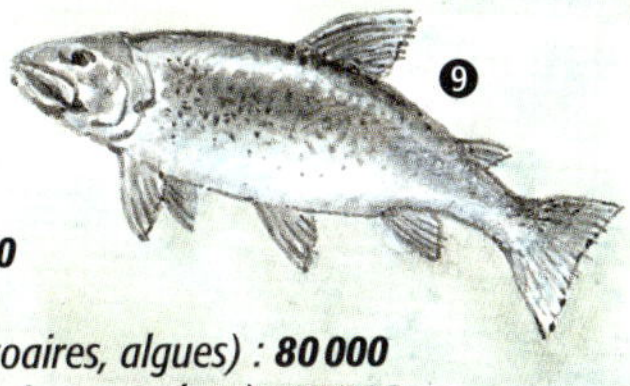

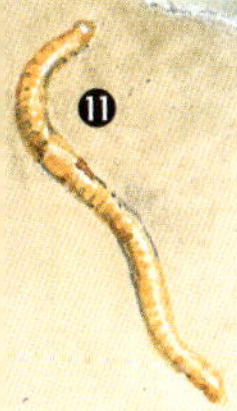

Nombre d'espèces :

1/ Insectes : ***1 000 000***
2/ Plantes : ***270 000***
3/ Protoctista (protozoaires, algues) : ***80 000***
4/ Arachnides (araignées, scorpions) : ***75 000***
5/ Champignons : ***72 000***
6/ Mollusques (pieuvres, escargots) : ***70 000***
7/ Crustacés (crabes, crevettes) : ***40 000***
8/ Nématodes (vers marins ou parasites) : ***25 000***
9/ Poissons : ***22 000***
10/ Plathelminthes (vers plats) : ***20 000***
11/ Annélides (ver de terre, sangsues) : ***12 000***
12/ Cnidaires (méduses) : ***10 000***
13/ Porifères (éponges) : ***10 000***
14/ Oiseaux : ***9 672***
15/ Reptiles (lézards, serpents) : ***6 500***
16/ Echinodermes (étoiles de mer, oursins) : ***6 000***
17/ Mammifères (loup, homme) : ***4 327***
18/ Amphibiens (grenouilles) : ***4 000***
19/ Bactéries et virus : ***4 000***

Une extraordinaire diversité

Depuis déjà plusieurs siècles, les spécialistes de l'étude de la biodiversité*, les systématiciens, ont entrepris de recenser l'ensemble des organismes vivant sur terre. Dans ce but, ils récoltent des plantes, des animaux et même des micro-organismes dans le monde entier, parfois dans des contrées reculées, ce qui peut nécessiter des mois ou des années d'expédition. En étudiant la forme du corps des insectes, leur anatomie et parfois aujourd'hui leur ADN*, ils ont pu différencier et nommer des espèces. Résultat de ces longues recherches : plus d'un million d'espèces d'insectes ont été répertoriées, ce qui représente plus de la moitié de tous les êtres vivants connus. Alors qu'en Europe on compte environ 70 000 espèces d'insectes, ce sont les régions tropicales et équatoriales qui renferment la plus grande diversité. Pourtant, ce sont aussi ces régions qui sont les moins bien étudiées et on estime qu'il pourrait exister en réalité plus de 3 millions d'espèces d'insectes différentes. Il en reste donc encore beaucoup à découvrir.

Les clés du succès

Comment font les insectes pour dominer ainsi l'ensemble des espèces vivantes du monde ? Il y a plusieurs réponses. Leur meilleur atout est sans doute leur petite taille : l'environnement à leur échelle est infiniment plus varié et complexe qu'il ne l'est, par exemple, pour les grands mammifères. De plus, les insectes sont protégés par leur cuticule* et maîtrisent l'art de se déplacer : leurs pattes articulées ou leurs ailes leur permettent d'avancer vite et loin, de prendre la fuite, de poursuivre une proie. Ces animaux perçoivent de façon très fine les odeurs, les goûts, les vibrations et les sons. Leur vue, très sophistiquée, est également très performante. Autre atout des insectes, et non des moindres : ils se reproduisent vite et très régulièrement, et ont une progéniture nombreuse. En outre, grâce à la variété de leurs cycles biologiques et de leurs régimes alimentaires, ils ont une grande capacité d'adaptation à l'environnement dans lequel ils vivent. Ainsi, les insectes ont réussi à coloniser tous les milieux, des déserts arides aux neiges éternelles des montagnes. Ce succès et leur origine ancienne, il y a près de 400 millions d'années, sont à l'origine de la diversité considérable des espèces que nous observons aujourd'hui.

Hors l'intervention de l'homme, la durée d'existence d'une espèce a été estimée à 1 ou 2 millions d'années, mais ce peut être beaucoup plus : quelques insectes fossilisés dans de l'ambre vieux de 35 millions d'années sont identiques à des espèces actuelles et témoignent de la résistance de ces animaux.

Si les scientifiques s'accordent sur l'idée qu'il existe aujourd'hui davantage d'espèces d'insectes à découvrir que d'insectes connus, les estimations sur leur nombre sont très variables. Les plus basses font état de 3 ou 4 millions d'espèces, les plus hautes de près de 80 millions !

Qu'est-ce qu'un insecte ?

Observer de très près un insecte, quel qu'il soit, c'est découvrir une véritable petite machine ultra-perfectionnée. Chacune des parties de son corps contribue au succès de l'ensemble, transformant ce petit animal en un véritable bolide, un char d'assaut ou un as de la voltige...

Trois grandes parties

Cela peut paraître étonnant, mais les insectes, pourtant si différents les uns des autres, sont tous construits selon le même modèle. Leur corps se divise en trois grandes parties. La première, située à l'avant du corps, est la tête. Elle est dévouée aux cinq sens (la vue, l'odorat, le toucher, l'ouïe et le goût) et à l'alimentation.

La seconde, juste derrière la tête, s'appelle le thorax. Il porte les pattes et les ailes et renferme une musculature très développée qui permet le déplacement très rapide des insectes aussi bien dans les airs que sur terre ou dans l'eau.

Enfin, la dernière partie du corps se nomme l'abdomen. Souvent très volumineux, il renferme la majorité des organes, notamment ceux qui servent à la reproduction, et le tube digestif, qui en occupe la plus grande part.

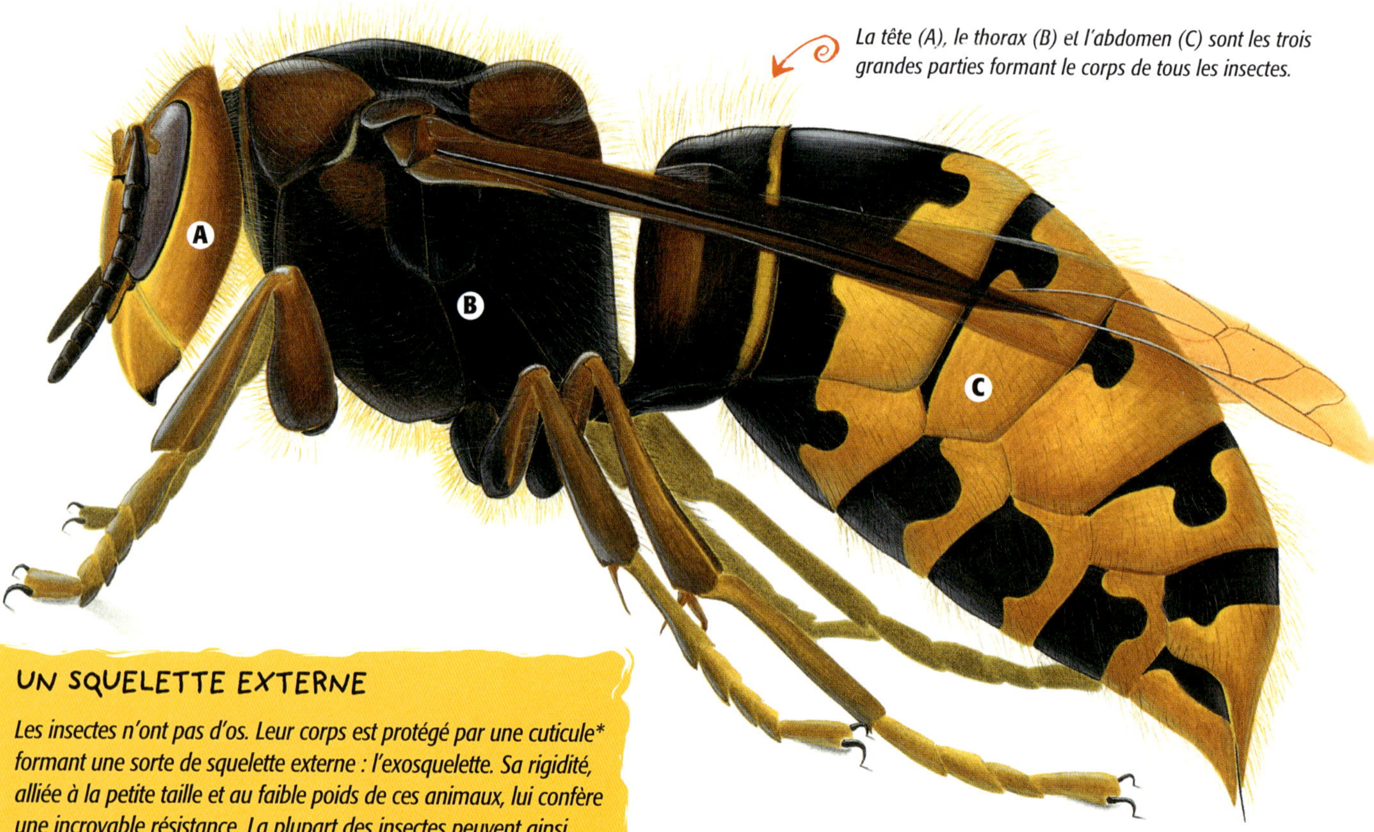

La tête (A), le thorax (B) et l'abdomen (C) sont les trois grandes parties formant le corps de tous les insectes.

UN SQUELETTE EXTERNE

Les insectes n'ont pas d'os. Leur corps est protégé par une cuticule formant une sorte de squelette externe : l'exosquelette. Sa rigidité, alliée à la petite taille et au faible poids de ces animaux, lui confère une incroyable résistance. La plupart des insectes peuvent ainsi survivre à des chutes vertigineuses et supporter les chocs. En contrepartie, cet exosquelette n'est pas extensible et, pour grandir, un insecte doit en changer régulièrement. C'est la mue* (voir p. 14).

Dans le corps des insectes, le "sang", appelé hémolymphe, ne coule pas en circuit fermé comme dans celui des vertébrés. Il baigne l'ensemble des organes et est véhiculé dans le corps par une pompe, le vaisseau dorsal, que l'on peut parfois voir fonctionner par transparence à la surface de l'abdomen.*

Les insectes respirent grâce à un réseau très dense de conduits, les trachées, qui transportent l'oxygène vers tous les organes. Elles s'ouvrent sur l'extérieur par de petits orifices, les stigmates, facilement repérables sur les côtés du corps.

A - La tête

1 Les yeux
Souvent très gros, les yeux des insectes sont dits composés, car ils sont formés de plusieurs milliers de petites unités : les ommatidies. Bien qu'ils aient une vision moins performante que celle des vertébrés, les insectes possèdent une excellente perception des mouvements et des couleurs. Ils voient, pour la plupart, aussi bien devant eux que derrière, au-dessus d'eux qu'au-dessous.

2 Les pièces buccales*
Elles sont toujours visibles et leur forme est liée au régime alimentaire. On observe ainsi chez les insectes qui doivent découper ou broyer leur nourriture une paire de mandibules (mâchoires, *voir DVD, chap. 2*) fortes et acérées. Chez ceux qui consomment des liquides (sève, sang, nectar), les pièces buccales sont transformées en pompe aspirante : le papillon possède ainsi une longue trompe.

3 Les antennes
Munies le plus souvent de milliers de petits récepteurs chimiques, elles offrent à l'insecte un odorat incroyablement développé. Des capteurs mécaniques perçoivent aussi les vibrations ou les mouvements de l'air : l'insecte peut ainsi s'orienter, sentir des déplacements près de lui et réagir aux sons.

B - Le thorax

4 Les pattes
Les insectes en ont toujours six. Elles peuvent être spécialisées pour la course de vitesse, le saut ou la nage. La première paire peut même présenter une forme spécifique pour creuser le sol ou capturer des proies comme chez les mantes.

5 Les élytres* et les ailes membraneuses
La plupart des insectes ont deux paires d'ailes dont la forme et la fonction peuvent être très variables. Certains insectes en possèdent deux types différents : les scarabées, par exemple, ont une première paire d'ailes protectrices très rigides (les élytres) et une seconde paire fine et membraneuse permettant le vol.

6 Des ailes de mille couleurs
Les couleurs et les motifs incroyables qui ornent les ailes des papillons sont formés de centaines de milliers de petites écailles imbriquées comme des tuiles. Chez quelques espèces, les écailles provoquent même des reflets métalliques.

C - L'abdomen

7 Les stigmates
Les insectes ne respirent pas par la bouche ou le nez comme nous le faisons. Ils possèdent tous, le long de leur corps et en particulier sur leur abdomen, des orifices respiratoires arrondis ou ovales : ce sont les stigmates. Souvent discrets, ils sont cependant parfois colorés et bien visibles chez les chenilles.

8 Les pièces reproductrices
Situées à l'extrémité de l'abdomen, elles prennent parfois, chez le mâle, la forme de pinces permettant de maintenir la femelle durant l'accouplement. Chez celle-ci, il s'agit souvent d'une tarière, un organe allongé et pointu (en forme de sabre, chez les sauterelles), capable d'enfoncer les œufs dans le sol ou dans le bois.

9 Le dard
Chez les guêpes et les abeilles, l'extrémité de l'abdomen porte un dard redoutable pouvant injecter du venin. Alors qu'une guêpe ou un frelon peut piquer à plusieurs reprises pour se défendre, l'abeille ne peut piquer qu'une seule fois. Son dard, muni de crochets, reste planté dans le corps de sa cible et est arraché après la piqûre, ce qui entraîne la mort de l'abeille.

Grâce à leur morphologie et à leur anatomie, les insectes sont de véritables athlètes : une puce peut sauter jusqu'à 200 fois la longueur de son corps, une fourmi parvient à soulever près de 50 fois son poids et une libellule peut voler à près de 80 km/h.

On peut facilement observer les 3 parties du corps d'un insecte en regardant un papillon ou une libellule. Il faut plus d'attention pour les criquets, les mantes religieuses ou les scarabées dont l'abdomen est souvent caché sous les ailes ou les élytres. Mais en retournant tout simplement l'insecte sur le dos, on voit alors l'ensemble de son corps.*

La classification des insectes

Cela ne fait aucun doute, les insectes sont les champions de la biodiversité* ! Ils sont un véritable défi pour qui veut les nommer ou les classer. Leur univers mystérieux, inégalable dans la diversité de ses formes et de ses couleurs, est aussi un réservoir inépuisable de découvertes...

Insecte, quel est ton nom ?

Depuis l'Antiquité, l'homme a entrepris de répertorier, de décrire et de nommer les êtres vivants qui l'entourent : chaque animal possède ainsi un nom commun (chat, poule, dauphin, fourmi, etc.), qui change selon les langues. Mais découvrant petit à petit une multitude d'espèces animales et végétales, l'homme a été amené à inventer des règles de dénomination strictes et universelles. Imaginez, par exemple, combien il serait difficile aujourd'hui de proposer, dans chaque langue, un nom différent pour plus d'un million d'espèces d'insectes ! La solution existe depuis près de 250 ans. On la doit à un Suédois : Karl von Linné. Il a eu l'idée de désigner de façon systématique chaque animal par un nom latin en deux parties. *Coccinella septempunctata*, par exemple, désigne la coccinelle à 7 points (la "bête à bon dieu"). Le premier de ces deux noms, *Coccinella*, indique le genre de l'insecte (coccinelle). Le second, *septempunctata*, désigne une espèce précise à l'intérieur de ce genre (l'espèce à 7 points). Car il existe d'autres espèces de coccinelles, comme celle à 11 points. Elle fait partie du même genre, c'est la *Coccinella undecimpunctata*. Grâce à cette méthode astucieuse, les animaux, mais aussi les plantes, sont identifiés par une paire de noms "genre + espèce" absolument unique. Cette façon d'appeler les êtres vivants se nomme la nomenclature binominale.

C'est dans les forêts tropicales denses et humides, souvent difficiles d'accès, qu'il reste aujourd'hui le plus grand nombre d'espèces d'insectes à découvrir...

DIVISIONS ET SOUS-DIVISIONS

Le vaste monde des insectes a été divisé en 30 ordres, des centaines de familles, de sous-familles, de tribus, et des milliers de genres. Les 6 ordres les plus connus sont les lépidoptères (papillons), les coléoptères (scarabées), les orthoptères (criquets), les diptères (mouches), les hyménoptères (abeilles) et les odonates (libellules). On connaît moins tous les autres, plus rares et beaucoup plus discrets, tels les zoraptères, strepsiptères, et autres psocoptères...

Sur certaines îles, les espèces se sont extrêmement diversifiées. Sur l'archipel d'Hawaii, on compte par exemple près de 800 espèces d'une petite mouche, la drosophile, soit plus d'un quart du nombre total des espèces que cette mouche compte dans le monde.

Au rythme actuel de destruction des forêts tropicales, on estime que 10 000 à 25 000 espèces animales et végétales, principalement des insectes, disparaissent irrémédiablement chaque année.

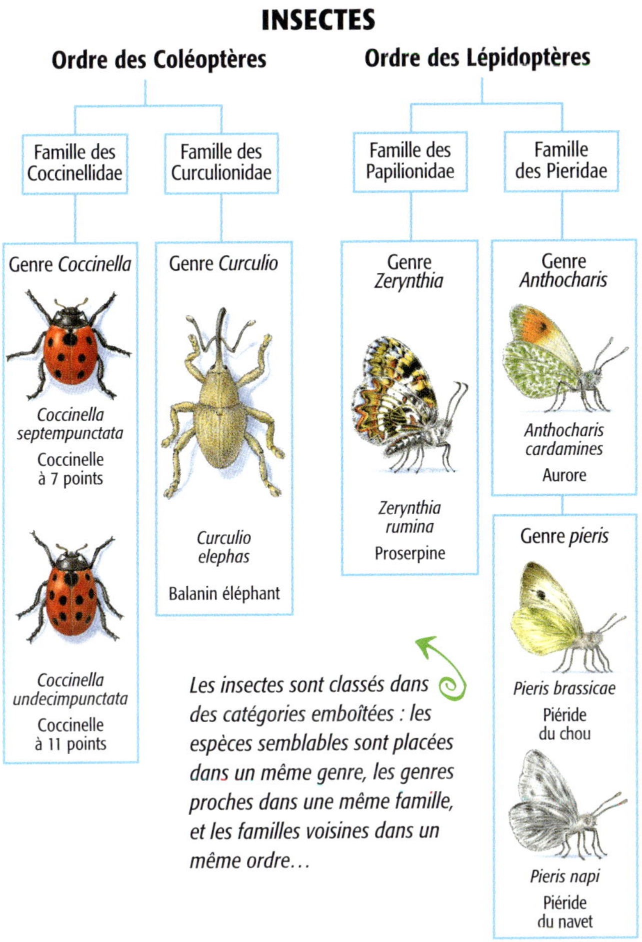

Les insectes sont classés dans des catégories emboîtées : les espèces semblables sont placées dans un même genre, les genres proches dans une même famille, et les familles voisines dans un même ordre…

Groupes et sous-groupes

On connaît donc aujourd'hui plus d'un million d'espèces d'insectes, toutes désignées par un nom de genre et d'espèce. Mais comment s'y retrouver ? Face à cette multitude, il est indispensable de procéder à des regroupements, c'est-à-dire de proposer une classification des espèces. C'est le travail des systématiciens : ces scientifiques, armés de loupes, de microscopes ou encore d'outils nouveaux comme les séquenceurs* d'ADN*, recherchent les points communs entre les espèces pour les regrouper. Ils cherchent aussi à déterminer si ces ressemblances sont dues à un ancêtre commun, car seules celles-ci sont utiles pour regrouper les espèces. Par exemple, les ailes des oiseaux et de certains insectes ont une origine très différente, et il serait inapproprié de classer ensemble les oiseaux et les insectes ailés en se basant sur le seul fait qu'ils possèdent des ailes. Les grands groupes d'insectes qui ont été identifiés s'appellent les "ordres". L'ordre des coléoptères, par exemple, rassemble des insectes dont la première paire d'ailes s'est transformée en une carapace protectrice, les élytres*. Dans cet ordre des coléoptères, on distingue différentes familles, comme les Curculionidae (charançons) dont la tête se prolonge par un rostre (sorte de bec), ou les Cerambycidae (longicornes) aux antennes très allongées.

Que de découvertes !

Ce qui rend l'étude des insectes passionnante pour les entomologistes*, c'est le nombre encore considérable d'espèces qu'il reste à découvrir et à décrire. Il y en aurait des millions ! Grâce aux efforts de ces scientifiques, plusieurs milliers d'espèces nouvelles sont décrites chaque année, le plus souvent originaires de la région intertropicale, ou peuplant des îles isolées. Néanmoins, on estime qu'à ce rythme, il faudra des siècles, voire des millénaires, pour connaître la plupart des insectes de notre planète... D'ici là, beaucoup auront disparu, avant même d'avoir été découverts. Ceci est d'autant plus regrettable que les insectes réservent encore d'incroyables surprises. En effet, en avril 2002, une équipe de chercheurs européens a découvert et décrit un nouvel ordre d'insectes, les mantophasmatodea. Il s'agit là d'un événement rarissime : le dernier ordre établi auparavant date de 1914.

Une découverte remarquable de ces dernières années : l'ordre des mantophasmatodea. Cet insecte, baptisé "gladiateur", vit en Afrique. Long de 4 cm, il ressemble à la fois à un phasme, à une mante et à une sauterelle. Actif la nuit, il se nourrit de petites proies qu'il capture dans les herbes basses.

Aristote (grand philosophe grec, né en 384 et mort en 322 avant J.-C.) fut l'un des premiers à proposer une classification des animaux. Celle-ci, pourtant très incomplète, perdura jusqu'au XVIIIe siècle.

Attention ! Araignées, scorpions, acariens, mille-pattes et cloportes ne sont pas des insectes ! Les trois premiers groupes sont des arachnides, ils ont 8 pattes ; les deux derniers peuvent en avoir beaucoup plus, ce sont des myriapodes ou des crustacés.

Une vie courte mais peu banale

Quoi de plus secret que la vie d'un insecte ? De sa naissance à sa mort, il grandit comme par magie, il change de peau et parfois même... il se métamorphose* !

Changement de peau

Quand nous grandissons, nos vêtements deviennent trop petits et doivent être changés. Pour les insectes, c'est un peu la même chose, excepté qu'ils portent en permanence un seul et même habit, leur exosquelette (*voir p. 10*). Celui-ci est rigide et ne grandit pas. Il va donc se déchirer à plusieurs reprises au cours de la croissance de l'insecte, laissant la place à une nouvelle enveloppe plus grande. C'est ce qu'on appelle la mue (*voir DVD, chap. 5*). Ce phénomène est contrôlé par la quantité dans l'hémolymphe* de substances appelées hormones. Le changement de peau de l'insecte survient 4 à 10 fois au cours de sa vie. On appelle "stade" chaque période intermédiaire entre les mues. Ainsi, un insecte passera par plusieurs stades dits larvaires avant d'atteindre le stade adulte où il sera apte à se reproduire.

Petit papillon deviendra grand !

Entre un criquet et un papillon, le développement, depuis l'œuf jusqu'à l'adulte, n'est pas le même. Chez les papillons, la larve* qui sort de l'œuf est complètement différente du papillon adulte. C'est d'abord une chenille. Celle-ci va grandir, muer plusieurs fois, puis se transformer en une chrysalide (*voir p. 21*), parfois protégée par un cocon de soie. La chrysalide, ou stade nymphal, reste immobile. Elle est le siège d'un incroyable phénomène : la métamorphose. À l'intérieur se forme peu à peu un animal très différent de la chenille : le papillon. Lorsqu'il est formé, celui-ci sort de la chrysalide, puis déploie ses ailes avant de prendre son envol. Ce mode de développement, dit holométabole*, s'observe aussi chez les scarabées, les mouches, les abeilles ou les fourmis.

La durée de vie d'un insecte, depuis l'éclosion de l'œuf jusqu'à la mort de l'adulte, varie en général de quelques semaines à plusieurs mois. Ce sont très souvent les larves qui vivent le plus longtemps. La vie des adultes est brève et principalement consacrée à la reproduction.*

Chez la Magicicada septendecim, *une cigale américaine, le passage du stade de larve* au stade adulte dure 17 ans ! On l'appelle aussi la "cigale périodique", car les individus de son espèce éclosent par milliards tous les 17 ans, de façon simultanée.*

La croissance du criquet

La façon dont un criquet naît et grandit est très différente de celle du papillon. La larve du criquet, dès son éclosion de l'œuf, ressemble à un criquet adulte aux ailes extrêmement petites. Au fil de sa croissance et des mues, elle passe par plusieurs stades larvaires avant de subir une dernière mue, appelée mue imaginale, qui la fera passer au stade adulte. Celui-ci ne diffère des larves que par la longueur des ailes et surtout son aptitude à se reproduire. On retrouve ce mode de développement, dit hétérométabole*, chez les mantes religieuses, les phasmes, les libellules ou encore les punaises et les pucerons.

Alors que d'autres passent l'hiver à l'état d'œuf ou de chrysalide, quelques papillons adultes, comme ici la grande tortue, attendent, immobiles dans un abri durant des mois, l'arrivée du printemps et des premiers beaux jours pour redevenir actif et se reproduire.

Passer la mauvaise saison

Certains insectes, notamment en région équatoriale, peuvent se développer et se reproduire sans interruption. D'autres doivent trouver un moyen de survivre à la mauvaise saison. Celle-ci correspond en général à l'hiver en Europe ou à la saison sèche dans les pays tropicaux. Durant ces périodes, il fait trop froid ou trop chaud pour mener une vie normale et la nourriture fait souvent défaut. Les insectes doivent donc accumuler des réserves et se cacher en attendant l'arrivée des beaux jours. Pour quelques espèces, dont les punaises ou certains papillons, c'est l'adulte qui subit ce repos hivernal.

Cependant, pour la plupart des autres insectes, l'hiver ou la saison sèche occasionne un arrêt temporaire de leur développement que l'on appelle la diapause : ainsi, ce peut être l'œuf, la jeune larve ou encore le stade nymphal qui endure les rigueurs de la mauvaise saison. Dès que des conditions favorables sont de retour, le développement reprend et le cycle de vie peut recommencer. En Europe, la grande majorité des insectes adultes sont actifs au printemps et durant l'été, au moment où la nourriture est la plus abondante et où les températures sont clémentes.

Au moment de sa sortie de la chrysalide (voir p. 21), le papillon évacue un liquide appelé méconium. Chez le papillon gazé, Aporia crataegi, *ce liquide est rouge sang et fut à l'origine de croyances populaires en Europe rapportant des pluies de sang ou des murs sanguinolents.*

Entre sa sortie de l'œuf et sa transformation en chrysalide, la chenille du papillon Attacus atlas *multiplie sa longueur par 20 et son poids par près de 15 000 !*

Que mangent-ils ?

Des plantes aux champignons, en passant par le sang, les cadavres et les déjections, les insectes mangent de tout. Certains sont de redoutables prédateurs, d'autres vivent en parasites* et quelques-uns poussent même l'appétit jusqu'à s'entredévorer !

À chacun son menu !

Plus de la moitié des insectes sont phytophages*, c'est-à-dire qu'ils se nourrissent de végétaux (*voir DVD, chap. 4 et 5*). Ils consomment bien souvent le feuillage, comme le font les chenilles ou les criquets, mais aucune autre partie de la plante n'est épargnée : des larves* de coléoptères dévorent les racines ou le bois, les cigales et les pucerons aspirent la sève, les papillons se délectent du nectar des fleurs, les abeilles et les bourdons viennent piller le pollen dont leurs larves se régalent. D'autres insectes se nourrissent du sang de vertébrés. Ils sont dits hématophages. C'est le cas des moustiques, de certaines mouches et punaises, ou bien encore des puces et des poux. Divers insectes, notamment des mouches et leurs larves, se nourrissent de matière organique en décomposition issue de débris végétaux ou de cadavres d'animaux. Les larves de certains coléoptères, dont les bousiers sont les plus connus, se développent en mangeant des déjections d'animaux.

Les chenilles sont de très grandes mangeuses de feuillage. De nombreuses espèces ont des préférences alimentaires très strictes et ne peuvent grandir qu'en mangeant les feuilles d'une plante particulière. Si elles ne trouvent pas cette plante, elles se laisseront mourir sans toucher à d'autres espèces végétales pourtant disponibles.

Malgré la bave recouvrant leur corps, qui, d'ordinaire, repousse les prédateurs, les escargots sont des mets de choix pour les carabes.

Chaque colonie de la fourmi rouge d'Europe, Formica polyctena, *compte plusieurs millions d'individus. Chaque jour, ces fourmis capturent et dévorent environ 1 kg d'insectes. Actives 200 jours par an, elles consomment donc près de 200 kg d'insectes chaque année.*

En moins de deux mois, au cours de son développement, la chenille du grand paon de nuit, Saturnia pyri, *mangera une quantité de feuilles équivalente à près de 100 000 fois le poids qu'elle faisait à sa sortie de l'œuf.*

La mante religieuse est l'un des prédateurs les plus redoutables. Elle attaque toutes les proies qui passent à sa portée. Ici, un petit lézard.

De dangereux prédateurs

C'est aussi dans l'univers des insectes que l'on rencontre les prédateurs les plus impitoyables (*voir DVD, chap. 4*). Ils redoublent d'ingéniosité pour capturer leurs proies qui, bien souvent, sont d'autres insectes ou plus rarement de petits vertébrés. Ainsi, les mantes chassent à l'affût : immobiles, dissimulées dans la végétation, elles guettent le passage d'une proie. Les larves des fourmilions, quant à elles, creusent des pièges en forme d'entonnoir dans le sable, attendant la chute d'un insecte. Les libellules mettent à profit leurs performances d'athlètes : elles fondent sur leur proie à une vitesse vertigineuse qui lui laisse peu de chances de s'échapper. Certaines punaises prédatrices, les réduves, sont très rusées : elles enduisent de résine leurs pattes et les utilisent pour attraper de petits insectes. Enfin, les plus redoutables sont les fourmis légionnaires d'Amérique du Sud ou les fourmis magnans d'Afrique. Se déplaçant par milliers et formant d'immenses colonnes, elles dévorent tout ce qui se trouve sur leur chemin et peuvent même tuer de grands vertébrés, qui n'ont pas pu prendre la fuite.

Grandir au dépens d'un autre

Quelques insectes, dont les mouches et les guêpes, ont inventé un moyen astucieux et cruel pour pouvoir grandir et se développer : le parasitisme. Par exemple, la femelle de la mouche *Calliphora* dépose ses œufs à l'intérieur d'une chenille, où ils vont éclore. Les larves de la mouche se nourrissent dans le corps de cette chenille, grandissent en même temps qu'elle tout en prenant soin de n'endommager aucun de ses organes vitaux. Au terme de leur croissance, peu avant la métamorphose* de la chenille, les larves de la mouche se transforment en nymphes et donnent naissance, quelques jours ou quelques semaines plus tard, à de nouveaux adultes, provoquant ainsi la mort de la chenille. On dit que les larves de la mouche sont les parasites de la chenille.

Une petite guêpe parasite est en train de déposer un œuf dans le corps d'un puceron. Celui-ci continuera à vivre, mais il abritera très bientôt la larve de la guêpe, qui va grandir à ses dépens.

Certains insectes qui ravagent nos cultures sont eux-mêmes dévorés ou parasités par d'autres insectes. Si l'on connaît ces derniers, alors on peut les utiliser pour supprimer les premiers. Voilà une bonne façon d'éviter l'emploi d'insecticides chimiques ! On appelle cela la lutte biologique (voir p. 71).

Le cannibalisme, c'est-à-dire le fait de s'entredévorer au sein d'une même espèce, est assez répandu chez les insectes. On l'observe notamment chez les mantes, les criquets, certains phasmes et certaines chenilles. Bien souvent, il permet aux espèces de survivre lorsque les ressources sont limitées.

Se reproduire et survivre

La reproduction est un moment crucial de la vie des insectes. Aussi déploient-ils des trésors d'ingéniosité ou même de coquetterie pour se rencontrer et se séduire. Mais le romantisme n'est pas de mise : il faut avant tout produire une descendance abondante et tout faire pour sa survie.

Le temps des amours

Pendant la période de reproduction, au printemps ou durant l'été, la rencontre du mâle et de la femelle est bien souvent une affaire d'odeur. Chez beaucoup d'insectes en effet, la femelle libère un parfum irrésistible, appelé phéromone*, qui peut attirer les mâles à des kilomètres à la ronde ! La femelle du ver luisant, quant à elle, a une stratégie bien différente. À la nuit tombée, elle émet des signaux lumineux caractéristiques de son espèce qui vont attirer l'attention des mâles et les guider jusqu'à elle (*voir DVD, chap. 6*). Chez les papillons de jour, ce sont avant tout les couleurs des ailes qui permettent aux partenaires de se rencontrer et de se reconnaître. Mais il ne suffit pas au mâle de dénicher sa femelle ! Il lui faut entamer une longue danse de séduction, la parade nuptiale, afin de la convaincre qu'il fera un père parfait. Les mâles de certains papillons possèdent même sur leurs ailes des écailles spéciales, les androconies, qui émettent un parfum aphrodisiaque afin de s'attirer les faveurs de la femelle. L'accouplement des insectes peut être très bref ou durer des dizaines d'heures ; chez certains coléoptères, tels les dynastes et les cétoines, il a lieu en même temps que la femelle mange, sur un fruit mûr, sur une fleur ou sur la blessure d'une tige (*voir DVD, chap. 6*). Chez les mantes religieuses, c'est un événement très périlleux pour le mâle qui est bien souvent dévoré par la femelle sitôt l'accouplement terminé.

*Chez les insectes, mâles et femelles ont souvent un aspect différent, les mâles étant plus colorés que les femelles. Ici, l'accouplement de la "petite nymphe au corps de feu" (*Pyrrhosoma nymphula*) nous dévoile que le mâle de cette gracieuse libellule est rouge et que sa femelle est jaune.*

STRATÉGIES R ET K

Dans la nature, on distingue deux grandes stratégies de reproduction. La stratégie r *consiste à avoir une descendance très abondante, en pariant sur la survie d'au moins quelques individus. La stratégie* k*, à l'inverse, consiste à produire peu de descendants, mais à tout mettre en œuvre pour assurer leur survie. Les mammifères, dont l'homme, ont dans l'ensemble adopté cette seconde stratégie ; les insectes, quant à eux, sont pour la plupart des stratèges* r.

Le mâle du papillon lune américain, Actias luna, *parvient à détecter les phéromones* d'une femelle à près de 10 km de distance. Il possède des antennes plumeuses, très larges, fonctionnant comme un radar ultrasensible.*

Chez certains insectes, par exemple de nombreuses espèces de phasmes, les mâles ne sont pas nécessaires à la reproduction. Sans avoir été fécondées, les femelles pondent des œufs qui donneront naissance à d'autres femelles. C'est ce qu'on appelle la parthénogénèse.

Vive les familles nombreuses !

Les insectes ont beaucoup d'ennemis et leur vie est perpétuellement menacée. Aussi ont-ils tous, ou presque, pour mot d'ordre de produire un nombre très important de descendants. La stratégie est simple : plus on est nombreux et plus il y a de chances que quelques-uns survivent. Les chiffres parlent d'eux-mêmes : une seule mouche domestique peut pondre dans sa courte vie jusqu'à 2 500 œufs et engendrer très vite plusieurs générations de mouches ! Avec une telle capacité à se reproduire, la Terre serait recouverte de milliards et de milliards de mouches en quelques semaines si, une chance pour nous, les prédateurs, parasites* et autres accidents de la vie d'une mouche n'intervenaient pas... Des scientifiques ont également observé que la reine de certains termites peut pondre un œuf toutes les deux secondes, soit plusieurs centaines de millions d'œufs au cours de sa vie !

Quelques insectes ont développé des stratégies différentes (*voir encadré*). Les femelles pondent peu, mais font tout pour que leur descendance survive dans les meilleures conditions. Ainsi, les guêpes ammophiles creusent un terrier dans le sol et y placent des proies vivantes mais paralysées. Elles pondent alors un œuf dans ce terrier, puis le bouchent et en dissimulent habilement l'entrée. La larve*, à l'intérieur de cette loge souterraine, va pouvoir se développer tranquillement, à l'abri et avec toute la nourriture nécessaire à sa croissance.

Pour augmenter les chances de survie des jeunes, les insectes pondent souvent une grande quantité d'œufs.

La guêpe ammophile injecte son venin à une chenille pour la paralyser, prenant grand soin de ne pas la tuer. Elle l'emportera ensuite dans le terrier où la chenille servira de repas à sa larve.

Les vers luisants sont des coléoptères de la famille des Lampyridae. Ils émettent de la lumière pour se reproduire. Ils font partie des rares animaux capables de produire, par une réaction chimique qui se déroule à l'intérieur de leur corps, une lumière d'origine biologique : la bioluminescence.

L'instinct de la survie

Pour les insectes, survivre est une question d'instinct. L'instinct, c'est un ensemble de comportements que les animaux répètent de façon automatique d'une génération à l'autre. Ainsi, pour survivre et protéger leur progéniture, les insectes adoptent des comportements instinctifs parfois complexes. Par exemple, les jeunes larves d'une mante religieuse vont se disperser immédiatement après leur éclosion, de sorte que chaque petite mante puisse disposer des ressources nécessaires à sa croissance et évite d'être dévorée par l'une de ses semblables. À l'inverse, les jeunes criquets ou les chenilles de certains papillons resteront groupés pour profiter de la protection apportée par le nombre. Des coléoptères appelés carabes s'abriteront, eux, immanquablement dans le sol ou sous des pierres durant l'hiver. Ces différents comportements instinctifs sont propres à chaque espèce.

Le célèbre entomologiste français Jean-Henri Fabre a beaucoup étudié l'instinct chez les insectes. Il est parvenu à plusieurs reprises à les déstabiliser en provoquant des situations imprévues auxquelles ils ont été incapables de réagir à l'aide de leur seul instinct.*

Les perce-oreilles, ou forficules, sont de petits insectes de l'ordre des dermaptères. Ils sont remarquables par les soins que la femelle accorde à ses œufs. Elle les protège en effet jusqu'à leur éclosion, puis elle nourrit les jeunes larves dans les premiers jours de leur existence* (voir p. 21).

La vie au sol

De la surface du sol jusqu'à plusieurs dizaines de centimètres de profondeur, il existe un monde méconnu, peuplé d'insectes de toutes sortes. Qu'ils chassent dans les feuilles mortes ou qu'ils grignotent les racines, ils sont cachés là… juste sous nos pieds !

Certains animaux, bien qu'appartenant à des groupes différents, se ressemblent parfois étrangement. C'est le cas des larves de cigales, des courtilières et des taupes, dont les pattes avant ont la même forme fouisseuse*. Ces ressemblances, liées à la fonction d'un organe (ici les pattes qui creusent le sol) sont appelées des convergences évolutives.*

Les insectes du sol nous sont souvent inconnus, et pourtant il suffit pour les découvrir de soulever une pierre ou une vieille tuile. On les verra toujours aux côtés de nombreux autres petits animaux : araignées, mille-pattes, cloportes, vers de terre, etc.

❶ Larve* de cigale
Grâce à ses pattes avant très fortes, cette larve (a) creuse la terre et se déplace d'une racine à l'autre, y puisant la sève dont elle se nourrit.
Après plusieurs années de croissance, elle sort du sol et s'immobilise pour atteindre, par une dernière mue (*voir p. 14*), le stade adulte… Voilà la fameuse et bruyante cigale !

❷ Larves du hanneton
Ces larves, les vers blancs, sont communes dans nos jardins. En grand nombre, elles peuvent détruire des plantes en mangeant leurs racines. Rassasiées, elles s'immobilisent dans le sol, puis se métamorphosent* en quelques semaines en adultes qui remonteront jusqu'à la surface pour prendre leur envol : ce seront alors des hannetons (*voir p. 23 et DVD, chap. 8*).

❸ Perce-oreille
La femelle du perce-oreille, ou forficule, est une mère exceptionnelle. Elle est l'une des seules, chez les insectes, à prendre soin de ses œufs jusqu'à leur éclosion. Elle les nettoie et les protège pendant tout l'hiver.

❹ Sauterelle
Cette sauterelle est en train de pondre ses œufs dans le sol. Ils y restent cachés plusieurs mois, protégés de la chaleur durant l'été et isolés du froid pendant l'hiver. Au printemps, les jeunes sortent tous du sol simultanément et se mettent en quête de nourriture.

❺ Chrysalide
Cette chrysalide (*voir p. 14-15*), avec à ses côtés l'exuvie* de la chenille, est celle du sphinx du liseron, un gros papillon de nos régions. Alors que les chenilles d'autres espèces tissent un cocon, celle-ci préfère s'enfoncer dans le sol et construire une loge souterraine pour se métamorphoser à l'abri.

❻ Carabe et sa larve*
Le carabe, qu'il soit à l'état d'adulte (a) ou de larve (b), est un prédateur redoutable traquant ses proies à la surface du sol, parmi les feuilles mortes, les branches et les mousses. Il consomme toutes sortes de petits animaux : d'autres insectes, des limaces et des escargots (*voir DVD, chap. 4*).

❼ Courtilière ou taupe-grillon
Ce curieux insecte est une courtilière. On l'appelle aussi le taupe-grillon, car il chante, comme le grillon, et a des pattes avant fouisseuses*, très larges et très fortes, comme la taupe. Il se nourrit de racines et ne remonte à la surface que la nuit, pour chanter et se reproduire.

Le sol est un milieu très particulier où les conditions de température et d'humidité sont relativement constantes tout au long de l'année. De fortes variations de température en surface se répercutent peu en profondeur. Pour de nombreux insectes, il est ainsi un lieu idéal pour passer l'hiver.

On trouve même des insectes au plus profond des grottes ! Comme ils vivent en permanence dans l'obscurité, leurs yeux, devenus inutiles, ont disparu ou sont très réduits. Leurs pattes portent parfois de très longs poils pour percevoir ce qui les entoure, à la manière de la canne d'un malvoyant.

La vie dans les airs

Voler ! Un rêve que l'homme a mis des siècles à concrétiser ! Pour les insectes, c'est une réalité depuis des millions d'années. Ils sont nombreux à pouvoir s'élancer dans les airs, et beaucoup sont de véritables virtuoses de la voltige, alliant grâce, vitesse et précision.

COMMENT VOLENT-ILS ?

Le vol des insectes résulte des battements des ailes, c'est-à-dire de mouvements de haut en bas et de bas en haut. Lorsque les ailes descendent, en poussant l'air, elles élèvent et font avancer l'insecte. Lorsqu'elles remontent, l'insecte les incline vers l'avant de sorte qu'elles ne provoquent pas l'effet inverse et que l'insecte continue d'avancer. En battant ainsi des ailes plusieurs dizaines voire plusieurs centaines de fois par seconde, l'insecte possède un vol particulièrement performant.

Le nombre de battements d'ailes par seconde est de 5 pour un papillon de jour au vol lent, 80 pour un sphinx, 100 pour une libellule, 300 pour une abeille et 1000 pour certains moucherons. Un pigeon bat environ 8 fois des ailes chaque seconde et un oiseau mouche 80 à 200 fois.

Pour parvenir à voler, l'homme s'est inspiré de la nature. Il a copié les oiseaux et les insectes pour créer les premières machines volantes. Aujourd'hui encore, la structure des ailes d'un avion, par exemple, est inspirée des ailes des oiseaux.

❶ Tel l'oiseau-mouche

Les papillons de la famille des sphinx, comme ici le sphinx du caille-lait, *Macroglossum stellatarum*, butinent les fleurs en volant sur place et en utilisant leur longue trompe pour aller aspirer le nectar. Ils ne se posent pas et échappent ainsi aux nombreux prédateurs qui se tiennent à l'affût près des fleurs.

❷ Les plus doués

Voici l'un des insectes au vol le plus spectaculaire. Le bombyle, *Bombylius major*, est un expert du vol stationnaire, latéral, ou en piqué. À tel point qu'il est presque impossible de le suivre des yeux ! Il n'a pourtant que deux ailes, mais qu'il peut battre plusieurs centaines de fois par seconde.

❸ Portées par le vent

Il existe une façon de se déplacer dans les airs lorsque l'on n'a pas d'ailes : il suffit de se laisser porter par le vent. Beaucoup de très petits insectes ou de larves* sont dispersés de cette façon. De minuscules chenilles, par exemple, peuvent parcourir des centaines de kilomètres accrochées à un mince fil de soie.

❹ En vol plané

Les libellules sont des insectes dont le vol est remarquable. Leurs ailes battent beaucoup moins vite que celles d'une mouche, par exemple, mais leur surface importante leur permet tout de même de se déplacer à près de 80 km/h ! Elles font aussi partie des rares insectes capables de planer durant plusieurs secondes.

❺ Vol occasionnel

Chez les fourmis et les termites, le vol est réservé aux seuls individus sexués*, capables de se reproduire. Périodiquement, des milliers d'individus ailés s'envolent pour quelques heures de voltige amoureuse (*voir p. 34 et 54*). Une fois le ballet terminé, ils perdent leurs ailes et reprennent une vie terrestre.

❻ Poids lourds du ciel

Certains coléoptères, comme ici le hanneton, doivent déployer une très grande force pour pouvoir voler. Le poids de leur corps rend en effet l'envol difficile ; il limite considérablement leur agilité dans les airs et fait de l'atterrissage une épreuve parfois hasardeuse (*voir DVD, chap. 2*)…

Le nombre d'insectes volant et dérivant dans l'air est phénoménal ! Un scientifique s'est amusé à intercepter ces insectes grâce à des pièges disposés sur un avion. Il a ainsi constaté qu'ils étaient des millions dans les airs à chaque instant.

À l'exception des diptères, tous les insectes volant ont quatre ailes. Chez les plus primitifs, comme les libellules, les deux paires d'ailes battent de manière indépendante. Chez les autres, un petit dispositif en forme de crochet, appelé le frein, attache ensemble les ailes avant et arrière.

La vie aquatique

Qu'ils respirent grâce à des branchies, à la manière des poissons, ou grâce à des réserves d'air, à la manière d'un plongeur, les insectes sont parvenus à conquérir le milieu aquatique ! Certains, comme la nèpe, y passent leur vie entière, d'autres, comme les libellules, seulement leur stade larvaire.

Les trois paires de pattes des araignées d'eau ou gerris, ont chacune une fonction différente. La première, assez courte, sert à capturer les proies. La seconde, très longue, lui permet de se propulser sur l'eau. La troisième, enfin, traîne à l'arrière du corps et sert de gouvernail.

La chenille d'un petit papillon européen appelé Elophila nymphaeata *se développe sous l'eau. Elle s'abrite dans un fourreau translucide emprisonnant de l'air et se nourrit de plantes aquatiques.*

➊ Larve* de libellule
Les larves de libellules sont d'impitoyables prédatrices. Elles capturent d'autres insectes, des têtards et de jeunes poissons en projetant en avant leur lèvre inférieure, le masque, comme un piège se déclenchant brusquement.

➋ Dytique
Le dytique est un coléoptère qui passe toute sa vie dans l'eau. Régulièrement, il pointe le bout de son abdomen à la surface pour "faire le plein" d'oxygène en emprisonnant une bulle d'air entre son corps et ses élytres*. Il respire alors grâce à cet air qu'il porte sur son dos, à la manière d'un plongeur muni de bouteilles (*voir DVD, chap. 2 et 4*).

➌ Gerris
Ces animaux insolites sont communs sur toutes les étendues d'eau calme. On les appelle araignées d'eau, mais il s'agit en réalité de punaises : les gerris. Elles se déplacent à grande vitesse sur l'eau grâce à leurs longues pattes munies de coussinets et de poils imperméables.

➍ Larves de trichoptères
Ces curieux petits tubes, formés de sable ou de petits graviers réunis par de la soie, sont des fourreaux renfermant chacun la larve d'un insecte ailé : la phrygane. Très appréciées des truites, ces larves sont bien connues des pêcheurs qui les nomment parfois "porte-faix".

➎ Ranatre
Cette jeune larve de demoiselle n'a pas eu de chance. Prise au piège des pattes ravisseuses de cette longue et fine punaise aquatique, la ranatre, elle ne peut plus échapper à son triste sort. La longue "queue" à l'arrière du corps de la punaise est une sorte de tuba pour aller chercher l'air à la surface.

➏ Larves de moustiques
Ces sortes de petits bâtonnets translucides s'agitant par mouvements saccadés près de la surface de l'eau sont des larves de moustiques. En se contentant de minuscules particules en suspension dans l'eau pour se nourrir, elles peuvent être des milliers dans une simple flaque d'eau !

➐ Larve d'éphémère
Munie de branchies de part et d'autre de son abdomen, cette larve étonnante est celle de l'éphémère, un insecte ailé dont la vie adulte est très courte. Durant son développement aquatique, elle accumule des réserves suffisantes pour permettre à l'adulte de vivre et de se reproduire sans manger.

➑ Notonecte
La notonecte est un insecte bien curieux qui se déplace toujours sur le dos ! Il nage grâce à ses pattes arrière élargies comme des rames. D'apparence sympathique, c'est pourtant un prédateur féroce capturant et dévorant impitoyablement toutes sortes de petits animaux passant à sa portée.

C'est la lumière du soleil qui pousse les notonectes à nager sur le dos. Placés dans un aquarium éclairé par le bas, ces insectes se retournent et nagent sur le ventre ! Occasionnellement, ils peuvent sortir de l'eau pour prendre leur envol... mais dans quel sens ?

Beaucoup d'insectes aquatiques, notamment les larves d'éphémères, de phryganes et de libellules, sont très sensibles aux modifications de la qualité de l'eau. Cela fait de ces insectes d'excellents indicateurs biologiques pour détecter la dégradation de l'eau liée à la pollution ou à d'autres causes.*

Extraordinaires voyageurs

Qu'un insecte d'un demi-gramme parcoure plusieurs milliers de kilomètres en quelques semaines et que lui et ses congénères fassent ployer des arbres peut paraître incroyable... C'est pourtant l'exploit réalisé chaque année par un papillon, le monarque, lors de son long et périlleux périple vers les montagnes du Mexique.

La fantastique migration des monarques

Le monarque, *Danaus plexippus*, est un papillon de jour aux ailes orange nervurées de noir. Ses couleurs vives témoignent de la présence d'un produit toxique dans son corps et éloignent ainsi les prédateurs. Ce produit provient des feuilles de l'Asclépiade, une plante dont il s'est nourri lorsqu'il n'était encore qu'une chenille. Mais la qualité la plus remarquable du monarque est sa formidable capacité à voyager. Des millions d'individus des États du nord de l'Amérique et du Québec entreprennent à l'automne un incroyable périple de près de 3 500 km pour rejoindre une zone montagneuse du Mexique. Là, ils se rassemblent sur les branches et les troncs de grands arbres et y resteront immobiles, sans se nourrir, pendant tout l'hiver. Au printemps, ils recommencent à s'alimenter et s'accouplent. Alors que la plupart des mâles meurent sur place, les femelles repartent vers le nord, pondent leurs œufs en chemin, sur les jeunes feuilles printanières de l'Asclépiade, et meurent à leur tour. Seules quelques rares femelles parviennent à faire l'aller-retour complet, soit près de 7 000 km en quelques mois. La plupart mourant avant d'avoir atteint la localité de départ, ce sont leurs descendants qui y retournent et qui entameront à l'automne une nouvelle migration vers le Mexique.

Chaque année, les monarques se rassemblent par millions dans le même site d'hivernation avec une précision que les scientifiques ne sont pas encore parvenus à expliquer. On pense qu'ils utilisent plusieurs méthodes de navigation, notamment la position du soleil et le magnétisme terrestre.

Lors d'un effort physique prolongé, l'homme souffre car ses muscles fabriquent de l'acide lactique. Les muscles des insectes, beaucoup plus nombreux, ne produisent pas cette substance. Voilà pourquoi les monarques, et d'autres insectes, peuvent voler très longtemps sans fatigue.

Les monarques ont jadis fasciné les Mayas. Ces Indiens du Mexique, voyant les papillons revenir chaque année par milliers, croyaient qu'ils incarnaient les âmes des morts. C'est pourquoi ils les représentaient, de manière stylisée sur les pyramides ou même sur des pièces de céramique.

Passer l'hiver au chaud

En Europe aussi, chaque année à l'automne, plusieurs espèces de papillons migrent en direction du sud. Ils se réfugient en Afrique du Nord pour passer l'hiver, fuyant les températures trop basses de notre climat tempéré. Au printemps, ces voyageurs repartent vers le nord, formant des essaims pouvant compter plusieurs milliers d'individus. Ils empruntent deux voies de migration principales : certains longent les côtes de l'océan Atlantique, atteignant l'Islande, d'autres traversent la France par la vallée du Rhône pour rejoindre les Pays-Bas. Quelques-uns poursuivront leur route jusqu'à la Scandinavie, atteignant même le cercle polaire arctique. On compte parmi ces migrateurs différents papillons de jour, comme la belle dame (*Cynthia cardui*), le vulcain (*Vanessa atalanta*) et le souci (*Colias crocea*), mais aussi des papillons de nuit tel le sphinx du liseron (*Agrius convolvuli*) ou le gamma (*Autographa gamma*).

Le périple des monarques
Ces papillons traversent chaque année le continent nord-américain, soit près de 3 500 km, avant de rejoindre le Mexique pour l'hiver.

L'homme a découvert qu'il pouvait transformer certains légumes, comme le maïs dit transgénique (ou OGM, organisme génétiquement modifié). Mais on observe aujourd'hui que ce maïs produit un pollen qui est toxique pour les monarques qui le consomment. Prudence, donc...

Durant leur long voyage, les monarques volent uniquement de jour en utilisant les vents. Ils économisent ainsi énormément d'énergie et se déplacent à une vitesse moyenne d'environ 32 km/h, parcourant 80 à 120 km chaque jour.

Les plantes carnivores, comme cette Drosera*, capturent parfois, grâce à leurs poils collants, de gros insectes comme cette libellule.*

Des insectes au menu

Abondants et diversifiés, les insectes sont un maillon fondamental de la chaîne alimentaire*. De nombreux animaux les consomment et l'homme n'hésite pas à les manger dans certains pays. Des nutritionnistes pensent même qu'ils pourraient être les aliments du futur !

Un maillon clé de la chaîne alimentaire

On ne compte plus les animaux qui mangent des insectes. Des oiseaux aux poissons, en passant par les araignées, les musaraignes, les lézards, les grenouilles ou les chauve-souris, tous font des insectes leur plat principal (*voir DVD, chap. 2*) ! Les insectes se mangent même entre eux : les mantes religieuses, les libellules et autres punaises prédatrices n'hésitent pas à dévorer leurs congénères. Certaines plantes se nourrissent elles aussi d'insectes : ce sont les plantes carnivores. Elles élaborent des pièges astucieux pour attirer et dévorer les moucherons et les fourmis. Les insectes permettent ainsi la survie de nombreux êtres vivants qui les entourent : ils sont donc un maillon très important de la chaîne alimentaire et jouent un rôle considérable dans l'équilibre de l'écosystème*. Un couple de mésanges et leurs oisillons, par exemple, mangent en trois semaines près de 8 000 insectes, surtout des chenilles ! Si ces chenilles disparaissent ou se font rares à cause des insecticides, de la déforestation ou de la pollution, cela devient aussitôt une catastrophe pour les mésanges qui disparaissent à leur tour, faute de nourriture. Il en va de même dans les rivières et les lacs où les poissons, par exemple, consomment au cours de leur vie des milliers d'insectes, notamment des larves* de moustiques.

Chasseurs d'insectes

Les insectes représentent une source de nourriture tellement importante que certains animaux se sont spécialisés dans leur capture. Le fourmilier, par exemple, a un museau allongé et une langue fine et longue qui lui permet d'aller dévorer des fourmis au cœur de leur nid. Le pic vert, lui, possède un bec long et robuste pour creuser des trous dans le bois et se régaler des larves d'insectes qui y vivent. Un oiseau des îles Galapagos, dans l'océan Pacifique, utilise une épine de cactus pour chasser les insectes : la tenant dans son bec, il l'utilise comme un harpon pour embrocher des larves de coléoptères à l'intérieur de leurs galeries creusées dans les branches. Autre spécialiste de la capture d'insectes : le caméléon. Lent et habilement camouflé, il parvient à s'approcher suffisamment de ses proies pour les attraper d'un coup de sa très longue langue, qu'il peut dérouler en un éclair.

Pour soulager l'appétit vorace de ses oisillons, cette fauvette à tête noire capture chaque jour des dizaines d'insectes, principalement des chenilles.

Des nutritionnistes ont mesuré que, chez le poulet, les protéines représentent 23 % de son poids. Chez une sauterelle, elles en représentent 70 %, soit trois fois plus que chez le poulet. Ce taux de protéines peut même atteindre 80 % chez certaines chenilles.

Le poisson archer est un habile chasseur d'insectes des mangroves asiatiques. Repérant une mouche ou un criquet sur une branche au-dessus de l'eau, il crache un puissant jet d'eau dans sa direction pour provoquer sa chute et le dévorer.

L'alimentation du futur

Dans de nombreux pays, notamment d'Asie, d'Afrique et d'Amérique du Sud, les insectes font partie depuis des millénaires de l'alimentation humaine. On en connaît ainsi plus de 1 000 espèces régulièrement consommées par l'homme. Parmi elles, les chenilles de mopane en Afrique et les larves des charançons du palmier en Amérique du Sud. Criquets, grillons, sauterelles, termites et larves d'abeilles sont aussi parfois au menu. Ils peuvent être mangés crus ou cuisinés, en sauce ou grillés. Ces pratiques peuvent paraître peu appétissantes, mais tout est une question d'habitudes : nous mangeons bien des escargots et des crevettes ! Des témoignages assurent que ces insectes sont délicieux : croustillants ou fondants, sucrés ou salés, au goût de noisette ou de crème pâtissière ! Les nutritionnistes prennent la question très au sérieux, car les insectes ont une excellente valeur nutritive. Énergétiques, bien plus riches en protéines (*voir encadré*), en matière grasse et en minéraux que la viande, ils sont considérés comme de possibles aliments du futur, en particulier pour les populations les plus défavorisées. Dans certaines régions d'Afrique, les chenilles de mopane sont aujourd'hui la principale source de protéines pour les habitants.

DANS NOS ASSIETTES

On trouve de tout dans un insecte : des glucides (sucres), des lipides (graisses) et surtout des protéines. Ces dernières sont de grosses molécules présentes chez tous les êtres vivants. Elles sont partout : matières premières des tissus de notre corps (peau, cheveux, muscles, etc.), défenses contre les microbes (anticorps), agents de réactions chimiques… Ainsi, un apport quotidien de ces molécules par l'alimentation est absolument indispensable pour la vie et pour la croissance.

LA RECETTE DU… BEIGNET DE GRILLONS

Rouler les grillons dans la farine, puis les plonger quelques minutes dans l'huile bouillante. Servir salé en apéritif ou sucré en dessert.

… ET DES CHOCO-GRILLONS

Tremper les grillons dans du chocolat noir fondu, puis les laisser refroidir jusqu'à ce que le chocolat durcisse.

Les énormes larves du charançon du palmier sont tout particulièrement appréciées en Amérique latine.

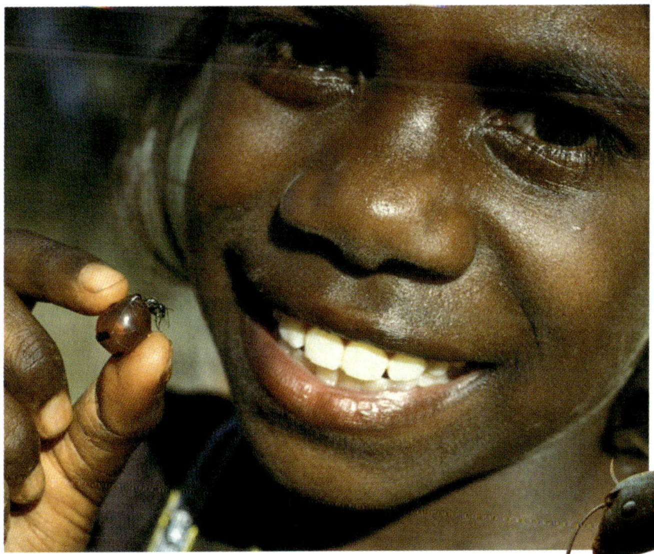

Les fourmis "pot de miel", appelées aussi "replètes", stockent du nectar dans leur abdomen en prévision de la mauvaise saison. Elles redistribueront ensuite cette réserve de sucre à l'ensemble de la colonie de fourmis. Pour cet enfant, c'est une délicieuse friandise, un bonbon 100 % naturel !

L'idée que l'homme soit amené à manger de plus en plus d'insectes à l'avenir est très intéressante. Tout d'abord parce que les insectes présentent une grande valeur nutritive, mais aussi parce que leur élevage en masse devrait s'avérer beaucoup moins polluant que la production d'aliments traditionnels.

Particulièrement riches en protéines, les insectes contiennent aussi des quantités importantes de minéraux tels le calcium, le magnésium ou le phosphore, et des métaux comme le fer, le cuivre ou le zinc.

De précieux visiteurs

Quel spectacle ! Une multitude d'abeilles et de papillons virevoltent autour d'un massif de fleurs. Mais que font-ils en réalité ? Quels trésors peuvent bien abriter ces fleurs pour provoquer une telle activité ? En y regardant de plus près, on réalise que ce ballet aérien profite à la fois aux insectes et aux fleurs qu'ils visitent.

C'est donnant donnant !

Les fleurs se reproduisent grâce à une poudre très fine, jaune ou orangée : le pollen. À l'intérieur de chacune d'elles, on trouve les étamines portant des milliers de grains de pollen et les ovules* devant être fécondés par ceux-ci pour donner les graines. Le transport du pollen jusqu'à l'ovule s'appelle la pollinisation. Elle peut se faire simplement par le vent, ou profiter des services de divers animaux parmi lesquels les insectes ont le premier rôle (*voir DVD, chap. 6*). Désireuse d'encourager ces précieux visiteurs, la plante les récompense en fabriquant un liquide sucré : le nectar. Lorsqu'ils viennent le récolter, les insectes se couvrent de pollen en se frottant aux étamines. Passant de fleur en fleur, ils vont permettre la pollinisation. Chacun y trouve ainsi son avantage : la fleur est pollinisée et l'insecte recueille de la nourriture.

L'agriculture moderne ne permet guère aux insectes sauvages de se développer. Les producteurs de fruits et de légumes sont donc obligés d'introduire eux-mêmes dans leurs champs ou leurs serres des insectes pollinisateurs dits "domestiques" (abeilles, bourdons). Sans leur aide, les récoltes seraient très réduites.

Au fil des temps, les plantes et les insectes ont évolué ensemble. Chacun s'est adapté aux changements de l'autre, ce que les scientifiques appellent la coévolution. Par exemple, certaines plantes ont fabriqué des substances toxiques qui ont d'abord tué les insectes. Puis, certains s'y sont habitués !

Séduction végétale

Pour plaire aux insectes et encourager leur venue, les fleurs se parent de couleurs attrayantes et émettent toutes sortes de parfums. On trouve même sur les pétales de certaines espèces des indications invisibles à l'homme montrant aux insectes le chemin vers le nectar. En étudiant le comportement des insectes, les entomologistes* ont mis en évidence certaines préférences : les abeilles visitent surtout les fleurs jaunes ou bleues aux odeurs douces ; les coléoptères préfèrent les fleurs blanches ou ternes fortement odorantes ; quant aux papillons, ils vont plutôt vers les fleurs rouges, jaunes ou bleues aux parfums suaves ; les mouches enfin apprécient les fleurs malodorantes et peu colorées.

Les plus fidèles visiteurs des fleurs

Si l'on voulait dresser un palmarès des meilleurs insectes pollinisateurs, l'abeille domestique, *Apis mellifera*, serait de loin la grande championne. Dans le monde entier, elle fréquente une grande variété de fleurs pour en récolter le nectar et le pollen. Une activité débordante dont l'homme profite bien car il en récupère l'un des principaux produits : le miel. Les papillons sont aussi d'excellents transporteurs de pollen. Grâce à leur trompe très fine, ils peuvent aspirer le nectar au cœur de la fleur. À la différence des abeilles, de nombreux papillons sont actifs durant la nuit et contribuent à la pollinisation de plantes dont la floraison est crépusculaire ou nocturne.

En récoltant sa nourriture, cette abeille se couvre de pollen ; elle va le transporter de fleur en fleur et permettra aux plantes de se reproduire.

Ce papillon, le sphinx Xanthopan morgani praedicta, *utilise sa très longue trompe pour se nourrir du délicieux nectar que cache l'orchidée* Angraecum sesquipedale *au fond d'un pétale étroit, en forme de tube. Un extraordinaire exemple d'adaptation.*

Le sphinx et l'orchidée

Certains papillons ont une trompe très longue qui leur permet de se nourrir sans se poser sur les fleurs. Ils évitent ainsi de grands dangers, car des araignées ou des mantes religieuses affamées s'y postent parfois à l'affût d'un malheureux visiteur. Cette prudence du papillon ne fait pas l'affaire des plantes. Pour qu'il se couvre de pollen, il doit s'approcher davantage et se frotter aux étamines. À Madagascar, en pleine forêt tropicale, une orchidée a inventé un stratagème pour vaincre la timidité du papillon. Elle produit un délicieux nectar au fond d'un pétale en forme de tube long de près de 30 cm ! Les scientifiques se sont demandé quel animal pouvait être capable d'aller chercher ce liquide si difficile d'accès. Un soir, alors qu'ils faisaient le guet devant la fleur, ils ont observé un papillon extraordinaire dont la trompe mesure plus de 20 cm ! Ce papillon, un sphinx, est malgré tout obligé de s'approcher très près de l'orchidée pour se nourrir. Il se couvre alors de pollen qu'il transportera vers une autre fleur, permettant la pollinisation.

L'été dans nos jardins, on peut facilement observer une multitude d'insectes venant butiner les fleurs des lavandes ou des buddleias. Si on les regarde attentivement, on remarque qu'ils sont recouverts de pollen.

Sur l'île de Madagascar, au large des côtes du sud-est de l'Afrique, les forêts tropicales humides sont en train de disparaître à un rythme effréné. Cette déforestation menace un grand nombre d'espèces uniques à cette grande île, notamment l'extraordinaire orchidée Angraecum sesquipedale *(voir texte).*

La vie en société : les abeilles

Nous connaissons tous les abeilles, ces infatigables butineuses. Mais dans l'obscurité de la ruche, cachée de tous, se dresse une véritable cité, organisée autour de sa reine et mêlant coopération, sacrifices et travail acharné.

La durée de vie d'une reine est de 5 ou 6 ans et elle peut pondre jusqu'à 3 000 œufs par jour au début de la période d'activité en mai.

Une société très organisée

Une colonie d'abeilles compte trois types d'individus. La reine, unique, en est l'élément central. Plus grosse, elle vit protégée à l'intérieur de la ruche où elle passe toute son existence d'adulte à pondre des œufs. Les ouvrières sont les plus nombreuses. Sur elles repose le bon fonctionnement de la colonie. On trouve jusqu'à 40 000 ouvrières dans une seule ruche, toutes des femelles. Cependant, elles sont incapables de se reproduire et passent leur vie à travailler sans relâche, faisant tout pour assurer le bon développement des larves* issues des œufs de leur reine. Enfin les mâles, appelés faux bourdons, sont présents en petit nombre et n'interviennent que pour féconder les nouvelles reines lors de l'essaimage*.

Domestiquée par l'homme

Depuis des millénaires, l'homme élève les abeilles pour produire le miel. Cela s'appelle l'apiculture. En avalant et en régurgitant le nectar des fleurs, les abeilles produisent le miel qu'elles vont ensuite stocker en prévision de l'hiver. Comme à une période donnée de l'année toutes les butineuses d'une colonie visitent le même type de fleurs, le miel récolté aura le parfum d'une même plante. C'est pourquoi on trouve du miel de bruyère, d'acacia, de lavande ou encore de châtaignier. Mais les abeilles produisent aussi, en plus petite quantité, une substance appelée gelée royale qui est la seule nourriture des larves* des futures reines. Plus nourrissante que le miel, elle est très appréciée par l'homme qui a même longtemps cru qu'elle avait le pouvoir de rallonger la vie. On récolte également la cire pour fabriquer des bougies, ainsi qu'une autre substance, la propolis, qui est utilisée par les abeilles pour réparer leur ruche. La propolis a des vertus médicinales, notamment antiseptiques (elles tuent les microbes et évitent l'infection), et était utilisée par les Égyptiens pour embaumer leurs morts, afin de favoriser leur momification.

Une ruche est un nid créé par l'homme pour les abeilles. Sur des cadres en bois, les rayons, elles construisent les alvéoles où elles élèvent leur couvain et stockent le miel.*

Les hommes élèvent des abeilles depuis très longtemps. Les preuves les plus anciennes datent du IVe millénaire avant J.-C. : –3500 pour la Mésopotamie, –3100 pour l'Égypte, –2500 pour la vallée de l'Indus et –2200 pour la Chine. Les ruches étaient alors confectionnées en paille ou en terre cuite.

Selon une légende égyptienne, les abeilles seraient nées des larmes du dieu solaire Rê qui se seraient transformées en tombant sur le sol. Ces insectes ont été le symbole de la monarchie dans l'ancienne Égypte, et de nombreuses dynasties employèrent le même hiéroglyphe pour l'abeille et le pharaon.

Un planning strict

L'activité des ouvrières change avec leur âge. Aux premiers jours de leur vie, les jeunes abeilles nettoient la ruche à l'aide de leurs mandibules (sorte de mâchoires). Très vite, elles deviennent nourrices pour les larves, leur fournissant du miel et du pollen apportés de l'extérieur par des ouvrières plus âgées. Lorsqu'elles ont 10 jours environ, elles prennent en charge les travaux de construction. Grâce à la cire qu'elles sécrètent, elles construisent de nouvelles alvéoles pour l'élevage des larves. Elles occuperont ensuite tour à tour la fonction de "climatiseur", ventilant la ruche à l'aide de leurs ailes, puis de sentinelle, montant la garde et protégeant la ruche de tout intrus. Enfin, âgées de 21 jours, les ouvrières entameront leur dernier emploi, celui de butineuse. Ainsi les abeilles que nous observons sur des fleurs sont de vieilles ouvrières. Elles vivent en moyenne six semaines.

De fleur en fleur, l'abeille accumule nectar et pollen. L'un est stocké dans une poche située à l'intérieur de son corps, derrière la bouche : le jabot. L'autre est agglutiné sous forme de boules orange portées par les pattes arrières.

LA DANSE DU SOLEIL

Rentrée à la ruche, l'abeille butineuse se hâte d'indiquer à ses sœurs l'itinéraire qui conduit aux fleurs qu'elle vient de visiter. Elle le communique au moyen d'une danse ingénieuse et incroyablement précise. Agitant son abdomen, elle trace une série de 8 : la rapidité d'exécution indique la distance, l'angle du 8 avec la verticale donne la direction par rapport à la position du soleil. L'abeille peut même corriger ces informations en cas de vent violent !

Cet essaim sauvage montre que les abeilles, bien qu'elles soient domestiquées par l'homme, n'en ont pas perdu certains comportements instinctifs. Une colonie s'installera dans un tronc d'arbre creux, une haie ou parfois une cheminée, d'où il faudra ensuite la déloger.

Une société de labeur

Du printemps à l'automne, tant que la température le permet, les abeilles travaillent inlassablement. Les butineuses multiplient les allers-retours entre les fleurs et la ruche où elles rapportent leur butin. À chaque voyage, une abeille peut visiter près de 1 000 fleurs et porter la moitié de son poids en nourriture ! Le nectar est stocké dans un organe appelé jabot, et le pollen est agglutiné en petites pelotes de 2 à 3 mm de diamètre portées par les pattes arrière de l'abeille. Cette activité est indispensable pour les plantes, car ces visiteuses vont permettre la pollinisation (*voir p. 30*). Une aubaine pour l'homme, qui trouve chez les abeilles une aide précieuse pour l'épanouissement de ses vergers et cultures agricoles.

Les abeilles sont d'excellents maçons et architectes. Le matériau qu'elles utilisent, la cire, est remarquablement léger et résistant, et la forme hexagonale qu'elles donnent aux alvéoles abritant les larves est idéale pour l'hygiène et pour la solidité de la construction.*

Depuis la fin des années 1990, les apiculteurs ont constaté une importante augmentation de la mortalité dans leurs ruches, due très probablement aux insecticides utilisés en agriculture. Cette menace s'ajoute à celle du varroa, un parasite qui fait déjà de redoutables dégâts au sein des colonies.*

L'univers fascinant des fourmis

Les fourmis sont partout ! Incroyablement nombreuses, ce sont les insectes affichant la plus grande réussite. Leur force ? La vie en société. Leur devise ? Un pour tous, tous pour un ! C'est un véritable petit univers qui évolue près de nous, et nous ne cessons d'en découvrir les fabuleux secrets.

Un pour tous, tous pour un !

Une société de fourmis est une formidable entreprise. Elle compte des milliers, voire des millions d'individus. Chaque fourmi agit pour le bon fonctionnement de toute la colonie. En retour, la colonie offre à chacune un univers favorable à sa survie. Dans une fourmilière, la grande majorité des individus sont des femelles stériles, les ouvrières. Pendant plusieurs années, elles consacrent leur énergie à protéger, à nourrir et à soigner la reine et son couvain*. Un vrai travail d'équipe !

Dans la fourmilière, de jeunes ouvrières ont en charge l'ensemble des soins nécessaires au bon développement du couvain ; ici, ces fourmis du genre Crematogaster *(on les reconnaît facilement à leur abdomen en forme de cœur) s'occupent à la fois de larves* d'ouvrières, les plus petites, et de larves de futures reines, bien plus grosses qu'elles.*

À chacun sa place

Dans une fourmilière, une multitude d'ouvrières s'active autour de la reine. Chaque individu a un rôle précis. Comme chez les abeilles, l'activité des fourmis change avec l'âge. Les plus jeunes s'occupent du nettoyage et des soins au couvain. Les plus âgées rapportent de la nourriture et protègent le nid. Les fourmis ont parfois aussi un aspect différent selon leur fonction : les soldats ont une grosse tête et des mandibules (mâchoires) fortes et acérées. Leur rôle est de défendre la colonie. Périodiquement, des mâles et des femelles ailés apparaissent dans la fourmilière. Lors des chaudes soirées de l'été, ces individus sexués* quittent la fourmilière : c'est l'essaimage*. Peu après l'accouplement, les mâles meurent ; les jeunes reines, fécondées, perdent leurs ailes. Seules, elles vont chercher un lieu propice à la création d'une nouvelle colonie.

Chez les fourmis, les individus sexués, ou fourmis volantes, ne portent des ailes que lors des quelques heures du vol nuptial, ou essaimage. Après fécondation, les reines se coupent elles-mêmes les ailes avant de fonder une nouvelle colonie.

Le succès du roman en 3 volumes Les Fourmis *de B. Werber, dont l'héroïne est la fourmi 103 683ᵉ, prouve la popularité de ces insectes. Leurs sociétés organisées font rêver, mais font peur aussi, comme en témoignent des films catastrophe comme* Quand la Marabunta gronde, *qui relate des raids de fourmis tueuses en Afrique.*

Depuis plusieurs années, une petite fourmi d'apparence inoffensive, Iridomyrmex humilis, *inquiète les biologistes. Également appelée fourmi d'Argentine, elle se répand actuellement dans le monde. Particulièrement compétitive, elle élimine les autres fourmis et menace ainsi l'écosystème*.*

Les métiers des fourmis

On observe chez les fourmis des activités sociales identiques aux nôtres. Les fourmis moissonneuses, par exemple, accumulent pour l'hiver des graines dans un grenier, bien au sec. Les *Camponotus*, elles, élèvent des pucerons dans des "étables", les protègent et les nourrissent en échange d'un liquide sucré, le miellat. Les *Atta* sont des agricultrices. Elles accumulent des feuilles sur lesquelles pousse le champignon dont elles se régalent. Mais certaines fourmis sont bien moins pacifiques. Ainsi, les légionnaires sont des guerrières itinérantes, et les esclavagistes volent le couvain d'autres colonies et réduisent en esclavage les ouvrières qui en sont issues.

Ce nid de fourmis rousses forme un dôme géant au cœur d'un sous-bois. Un tel nid peut renfermer plusieurs dizaines de milliers d'ouvrières !

Certaines fourmis pratiquent l'élevage de pucerons. Elles les protègent des prédateurs et des parasites, et se nourrissent en retour du liquide sucré qu'ils sécrètent : le miellat. C'est un échange de bons procédés.*

Un monde de chimie

Ce sont des substances chimiques, les phéromones*, qui permettent aux fourmis de communiquer. Ces molécules sont produites par des glandes et perçues par les antennes. Les scientifiques n'ont pas percé tous les secrets du langage chimique des fourmis, mais ils savent interpréter le sens de certaines de ces "odeurs". La plus importante est celle trahissant l'identité de l'individu. Lorsque deux fourmis se rencontrent, un simple contact antennaire leur indique si elles appartiennent à la même colonie et quelle est leur tâche. Ce sont aussi les phéromones qui dirigent les ouvrières vers une source de nourriture et qui permettent de recruter d'autres fourmis pour la récolte. Si la fourmilière est attaquée, c'est encore une odeur, la phéromone d'alarme, qui alerte la colonie.

Quelques insectes, comme ici un coléoptère, sont parvenus à imiter les phéromones d'identité des fourmis pour pouvoir vivre à l'intérieur de la fourmilière et abuser de leur hospitalité !

Une fourmi est un extraordinaire émetteur d'odeurs. Elle ne possède pas moins de sept glandes différentes sur son corps, chacune produisant diverses phéromones. Certaines fourmis primitives possèdent encore un dard et ont souvent un venin particulièrement redoutable.*

Pour preuve que les phéromones servent à marquer le chemin vers la source de nourriture, il suffit de poser son doigt ou un objet en travers d'une colonne de fourmis. Il s'ensuit une panique liée à la perte de la trace chimique.*

Se cacher, tromper et imiter...

Pour échapper à leurs nombreux ennemis, les insectes ont inventé des stratagèmes rivalisant d'ingéniosité et d'audace. Les plus prudents se cachent, d'autres tentent habilement d'effrayer ou de tromper leurs prédateurs, et certains passent même à l'offensive !

Se cacher

La façon la plus sûre d'échapper à un prédateur est de ne pas être vu. Si les phasmes sont les maîtres incontestés du camouflage, reproduisant à la perfection brindilles et feuilles, on trouve dans les principaux ordres d'insectes des déguisements tout aussi réussis. Papillons, sauterelles, mantes, criquets imitent lichens, mousses, écorces ou feuilles. Ici, en pleine jungle d'Asie, un papillon feuille, un phasme, une sauterelle feuille et une chenille brindille se cachent, presque invisibles dans leur milieu.

Détourner l'attention

Dans la famille des Saturniidae, on rencontre de nombreux papillons dont les ailes se prolongent par de très longues queues, comme ici chez le papillon comète de Madagascar, *Argema mittrei*. Les entomologistes* se sont longtemps interrogés sur l'intérêt de ces prolongements pour ces papillons nocturnes. Une réponse possible est liée à leur principal prédateur : la chauve-souris. En effet, on soupçonne ces longues queues d'affoler le sonar des chauves-souris en leur envoyant des informations contradictoires à la fois sur la taille et sur la position de l'insecte qui vole devant elles.

Les insectes ont plus d'un tour dans leur sac. Si un prédateur habile repère et attaque le phasme brindille Carausius morosus, *celui-ci se laisse tomber au sol et reste immobile de longues minutes, pour faire croire qu'il n'est qu'une brindille.*

Les insectes qui se nourrissent des feuilles des plantes durant la journée sont très exposés au danger. Parmi eux, de nombreux individus, qu'ils soient des chenilles, des coléoptères ou des punaises, ont l'aspect de déjections d'oiseaux... Ainsi, ils peuvent s'exposer aux yeux de tous sans attirer la convoitise des prédateurs !

Se défendre

En cas d'attaque, certains insectes ripostent sans hésiter ! C'est le cas, par exemple, des frelons et des guêpes. Ils peuvent infliger des piqûres cuisantes à l'aide de leur dard et, en donnant l'alerte par une phéromone* d'alarme (*voir p. 35*), ameutent les autres membres de la colonie. C'est alors l'assaillant qui peut très vite se retrouver attaqué de toutes parts et en danger de mort à son tour… De nombreuses chenilles sont munies d'épines ou de poils urticants qui suffisent à repousser un prédateur audacieux. Le coléoptère bombardier (*ci-dessous*), lui, se défend en projetant une substance brûlante et irritante.

Le coléoptère bombardier doit son nom à la riposte spectaculaire qu'il déclenche en cas d'agression.

Imiter

Les redoutables moyens de défense de certains insectes sont bien utiles à quelques autres, inoffensifs mais rusés. Certaines mouches, comme ici la volucelle, *Volucella zonaria*, ressemblent à s'y méprendre à des abeilles… Mais elles sont bien incapables de piquer, faute de dard ! Et pourtant les prédateurs sont trompés. Ayant probablement déjà eu une expérience douloureuse suite à l'attaque d'une abeille, ils y réfléchissent à deux fois avant de s'en prendre à cet insecte jaune rayé de noir… Mieux vaut passer son chemin ! L'astuce a dû s'ébruiter, car des papillons et des coléoptères imitent avec le même succès ces hyménoptères piqueurs…

Effrayer

L'insecte repéré en dépit de son camouflage tente parfois, en ultime recours, d'effrayer son assaillant. Il n'est cependant pas facile, lorsque l'on pèse à peine quelques grammes, d'effrayer un oiseau, un petit mammifère ou un lézard… Aussi les insectes jouent-ils principalement sur l'effet de surprise. De nombreux papillons, mais aussi des sauterelles ou des mantes, ont sur leurs ailes postérieures un motif imitant des yeux. En les dévoilant brusquement au moment de l'attaque, comme ici le Saturniidae *Antherina suraka* de Madagascar, l'insecte repousse parfois le prédateur ou provoque chez lui une hésitation qui laisse le temps à la proie convoitée de prendre la fuite.

Le dard de l'abeille porte de petites dents orientées vers l'arrière. Au moment de la piqûre, il est arraché du corps de l'abeille et reste planté sur l'animal piqué (voir p. 11). Si celui-ci se gratte sans précautions, il écrase les glandes à venin du dard et augmente l'effet de la piqûre.

De petits papillons, des lycènes, portent à l'arrière de leurs ailes un motif imitant les yeux et les antennes d'un insecte : une fausse tête ! Il s'agit là d'une ruse : un oiseau, trompé, attaquera cette partie du papillon et ne capturera dans son bec qu'un petit bout d'aile, et le papillon, amputé mais en vie, pourra vite prendre la fuite.

Regardez-moi...

Il peut sembler étonnant que certains insectes, plutôt que de se cacher dans la végétation, affichent des couleurs éclatantes. En fait, ces insectes envoient un message à leurs prédateurs : "Inutile de m'attaquer, je ne suis pas comestible !"

"Je suis toxique !"

Lorsqu'un insecte est très coloré, comme la coccinelle, c'est souvent une façon de faire comprendre à ceux qui le voient qu'il est toxique et qu'il vaut mieux ne pas y goûter. La couleur la plus efficace ? Le rouge, mais il y a aussi le jaune, l'orange, le bleu, etc. On dit de ces insectes qu'ils ont des couleurs aposématiques (avertissantes). Le poison que contient leur corps vient souvent des plantes ingurgitées. Chenilles de machaon, punaises et autres carabes dégagent aussi une mauvaise odeur en cas d'agression (*voir DVD, chap. 2 et 10*).

Jugés sur l'apparence

Si un oiseau ou un lézard sait qu'il ne doit pas "croquer" une chenille aux couleurs vives, c'est souvent qu'il en a déjà fait la douloureuse expérience. On appelle cela l'apprentissage... Confronté une seule fois à un insecte au goût ou à l'odeur infects, qui le rend malade ou qui provoque chez lui des vomissements, le prédateur associera ces désagréments à l'aspect général de l'insecte qu'il a mangé : s'il était rouge et arrondi, comme une coccinelle, il se méfiera à l'avenir de tout insecte semblable (*voir DVD, chap. 3 et 10*).

Pour cette larve de chrysomèle, une forte barrière chimique suffit à éloigner de dangereuses fourmis.*

Les plantes qui servent de repas aux insectes ou aux larves leur permettent souvent d'avaler en même temps qu'elles des produits toxiques qui les préservent des prédateurs. Les insectes ne choisissent donc pas les plantes au hasard. Très souvent, un insecte donné ne se développera que sur une espèce végétale bien précise.*

Les insectes toxiques ou venimeux intéressent tout particulièrement les laboratoires pharmaceutiques. Les molécules que ces insectes produisent ou puisent dans les végétaux pourraient en effet être à l'origine de nouveaux médicaments.

Copie conforme… ou presque !

La nature est décidément pleine de surprises ! En Amérique du Nord, le papillon monarque, célèbre pour ses longues migrations (*voir p. 26-27*), est très toxique à cause des plantes qu'il a dévorées lorsqu'il n'était encore qu'une chenille. Les prédateurs n'y goûtent donc qu'une seule fois et se détournent bien vite de ce grand papillon orange vif aux ailes nervurées de noir. Ce dégoût est une aubaine pour un autre papillon, le *Limenitis archippus*, judicieusement appelé le vice-roi (*voir encadré*). Ce papillon ressemble comme deux gouttes d'eau à un monarque, mais lui n'est pas du tout toxique… Ce que les prédateurs ignorent, bien sûr ! Passant donc pour un papillon non comestible, cet imitateur n'est jamais inquiété. Cette ruse étonnante oblige cependant l'espèce du vice-roi à être beaucoup moins abondante que celle du monarque. En effet, si ces papillons étaient plus nombreux, les prédateurs auraient plus de chances de les rencontrer et de les goûter en premier. Ils n'associeraient donc pas l'aspect du papillon avec une quelconque toxicité et l'imitation serait inefficace.

JE SUIS DANGEREUX. VRAI OU FAUX ?

On distingue chez les insectes plusieurs types de mimétisme. Le mimétisme dit müllerien concerne des insectes qui se ressemblent et qui sont tous dangereux ou toxiques pour leurs prédateurs. C'est le cas des frelons, des guêpes et des abeilles : tous piquent, et tous sont jaune rayé de noir. Le mimétisme dit batésien est celui du vice-roi et du monarque. L'un est toxique, l'autre pas, mais il lui ressemble et fait ainsi croire qu'il l'est aussi.*

Monarque

Vice-roi

Le cas du mimétisme batésien (voir encadré) montre à quel point les espèces animales sont dépendantes les unes des autres : la survie d'insectes inoffensifs, qui imitent les insectes toxiques pour se protéger, dépend de la présence et du nombre de ces derniers. Si les espèces toxiques disparaissent, les imitateurs aussi.*

En Afrique, les Bushmen – un peuple de chasseurs-cueilleurs du Kalahari – empoisonnent leurs flèches en broyant les larves d'un coléoptère de la famille des Chrysomelidae et en les mélangeant à l'extrait d'une plante.*

Insecte, qui es-tu ?

Reconnaître un insecte n'est pas facile. Il y en a tellement et ils sont si différents ! Avec un peu d'attention et de patience, l'observation de quelques caractéristiques précises permet toutefois d'identifier les principaux insectes que nous rencontrons.

On trouve toutes sortes d'ailes chez les insectes : petites ou grandes, arrondies ou élancées, peu ou très nervurées. Elles peuvent être réduites à des balanciers (voir encadré, p. 51), complètement ou partiellement rigides, ou encore couvertes d'écailles comme chez les papillons.

Des scientifiques ont récemment pris l'initiative d'utiliser une petite portion d'ADN pour identifier tous les êtres vivants, à la façon d'un code-barre. Il suffirait alors d'introduire dans un appareil un fragment du corps d'un insecte pour en obtenir le nom en seulement quelques heures.*

Les entomologistes* ont distingué 30 ordres d'insectes différents. Les 10 principaux apparaissent dans ce paysage et sont présentés plus en détail dans les pages suivantes. Retrouve également les phthiraptères (les poux, *voir p. 52-53*) et les isoptères (les termites, *voir p. 54-55*).

1 Ordre des diptères

(mouches, taons, moustiques, cousins, etc., *voir p. 50-51*) ; 120 000 espèces dans le monde
Longueur du corps : 0,5 mm à 6 cm
Caractéristiques : 1re paire d'ailes membraneuses, 2e paire réduite à des moignons appelés balanciers.
Notes : leur larve* est un ver ; il se métamorphose* dans un cocon de soie appelé pupe.

2 Ordre des lépidoptères

(papillons, *voir p. 42-43*) ;
165 000 espèces dans le monde
Envergure : 3 mm à 30 cm
Caractéristiques : 4 ailes membraneuses couvertes d'écailles et une trompe enroulée sous la tête.
Notes : ils se nourrissent du nectar des fleurs ; leur larve (la chenille) est phytophage ; elle se métamorphose en passant par un stade intermédiaire, la chrysalide, souvent protégée dans un cocon de soie.

3 Ordre des coléoptères

(coccinelles, carabes, charançons, etc., *voir p. 44-45*) ; 370 000 espèces dans le monde
Longueur du corps : 0,1 mm à 18 cm
Caractéristiques : 2 paires d'ailes dont la première, les élytres*, est très dure.
Notes : la plupart sont phytophages* (charançons) ; certains sont des prédateurs (carabes, coccinelles).

4 Ordre des éphéméroptères

(éphémères ou mouches de mai, *voir p. 46-47*) ;
2 500 espèces dans le monde
Envergure : 1 à 5 cm
Caractéristiques : ailes fines, dressées à la verticale du corps ; abdomen terminé par 3 filaments, les cerques.
Notes : leur vie adulte est brève, de quelques heures à quelques jours ; leur larve vit dans l'eau.

5 Ordre des hyménoptères

(abeilles, guêpes, frelons, fourmis, etc., *voir p. 48-49*) ; 200 000 espèces dans le monde
Longueur du corps : 0,25 mm à 7 cm
Caractéristiques : 4 ailes membraneuses ; un étranglement entre le thorax et l'abdomen chez la plupart des espèces.
Notes : mènent une vie solitaire ou en société, parfois en parasite* ; beaucoup possèdent un dard venimeux.

6 Ordre des odonates

(libellules et demoiselles, *voir p. 62-63*) ;
5 300 espèces dans le monde
Envergure : 2 à 20 cm
Caractéristiques : corps allongé, 4 longues ailes finement nervurées et de même forme.
Notes : prédateurs ; leur larve vit dans l'eau.

7 Ordre des phasmatodea

(phasmes, phyllies, *voir p. 58-59*) ;
2 500 espèces dans le monde
Longueur du corps : 3 à 30 cm
Caractéristiques : corps allongé imitant une brindille ou large et ressemblant à une feuille.
Notes : leurs ailes peuvent être développées, réduites ou absentes ; ils se nourrissent de feuilles ; la plupart des espèces se reproduisent par parthénogénèse*.

8 Ordre des orthoptères

(grillons, sauterelles, criquets, *voir p. 60-61*) ;
20 000 espèces dans le monde
Longueur du corps : 5 mm à 20 cm
Caractéristiques : pattes postérieures grosses et allongées permettant le saut.
Notes : ils sont parfois munis d'ailes très colorées ; ils communiquent de façon sonore (chant) par le frottement de leurs pattes ou de leurs ailes.

9 Ordre des mantodea

(mantes, empuses, *voir p. 54-55*) ;
2 000 espèces dans le monde
Longueur du corps : 8 mm à 15 cm
Caractéristiques : 4 ailes repliées sur le corps, tête triangulaire et 1re paire de pattes "ravisseuses", transformées en pinces fortes.
Notes : insecte prédateur ; la femelle dévore très souvent le mâle après l'accouplement.

10 Ordre des hémiptères

(punaises, pucerons, cigales, *voir p. 64-65*) ;
82 000 espèces dans le monde
Longueur du corps : 1 mm à 10 cm
Caractéristiques : pièces buccales* en bec pointu pour percer et aspirer la sève ou le sang.
Notes : insectes prédateurs et phytophages ; ils peuvent être terrestres ou aquatiques ; leur 1re paire d'ailes comporte souvent une partie rigide, ce sont les hémiélytres.

En prenant soin de regarder en détail la morphologie d'un insecte, à l'aide d'une petite loupe si nécessaire, on peut très facilement distinguer les différentes parties de son corps : tête, thorax, abdomen, pattes et ailes. Autant d'observations très utiles pour son identification.

L'identification d'un insecte est délicate, même pour les spécialistes, qui ont très souvent besoin d'une loupe binoculaire pour dire avec certitude à quelle espèce il appartient. On trouve cependant en librairie d'excellents guides qui sont une aide précieuse pour l'entomologiste débutant.*

Papillons : les lépidoptères

Volant, planant, virevoltant de fleur en fleur, les papillons nous émerveillent ! Qu'ils soient de jour ou de nuit, leurs ailes couvertes de minuscules écailles colorées portent des motifs d'une beauté souvent saisissante. Leurs chenilles, moins populaires, sont pourtant tout aussi extraordinaires.

Machaon – *Papilio machaon*
Famille : Papilionidae
Envergure : 6 à 10 cm
Distribution : Europe
Ce grand papillon s'observe du printemps jusqu'à la fin de l'été. Les femelles pondent sur les fanes de carottes et sur le fenouil. Il est fréquent de trouver sa chenille, verte rayée de noir et ponctuée de rouge, dans les rangs de carotte du potager.

Pyrauste ensanglantée – *Pyrausta sanguinalis*
Famille : Crambidae – **Envergure :** 1,4 à 1,8 cm
Distribution : sud de l'Europe
Ce papillon de très petite taille est un microlépidoptère. La majorité des espèces sont nocturnes, d'autres, comme celle-ci, volent l'été aux heures chaudes de la journée.

Écaille martre – *Arctia caja*
Famille : Arctiidae – **Envergure :** 4 à 7 cm
Distribution : Europe
Ce papillon "écaille" vole tard dans la nuit ; ses couleurs criardes avertissent d'éventuels prédateurs de sa toxicité (*voir p. 38*).

Grand mars changeant – *Apatura iris*
Famille : Nymphalidae – **Envergure :** 6 à 8 cm
Distribution : Europe
Ce papillon, très discret, vole au sommet des arbres. Il ne descend que pour se nourrir sur des fruits gâtés ou des charognes.

Citron - *Gonepteryx rhamni*
Famille : Pieridae – **Envergure :** 5 à 6 cm
Distribution : Europe
Le mâle de ce papillon est entièrement jaune vif et se distingue au premier coup d'œil de sa femelle, plus pâle. Le citron est visible de juillet à septembre. À l'automne, il cherche un abri d'où il ressortira au printemps pour se reproduire.

Grand sphinx de la vigne – *Deilephila elpenor*
Famille : Sphingidae – **Envergure :** 5 à 6 cm
Distribution : Europe
Ce sphinx est un papillon nocturne. Son corps trapu et ses ailes étroites et allongées lui assurent un vol précis et puissant. Il parvient à butiner les fleurs sans se poser. Sa chenille porte une petite pointe sur le dos à l'arrière de son corps.

Les plus petits papillons sont des microlépidoptères de la famille des Nepticulidae. Plusieurs espèces ont une envergure légèrement inférieure à 4 mm. Les chenilles, minuscules, vivent dans l'épaisseur des feuilles. Elles sont dites "mineuses".

Le saturnide Coscinocera hercules *est l'un des plus gros et des plus grands insectes du monde. Son envergure atteint 30 cm et ses ailes occupent une surface de plus de 700 cm².*

Eochroa trimenii
Famille : Saturniidae – **Envergure :** 5 à 7 cm
Distribution : Afrique du Sud
Ce petit papillon est encore une énigme pour la science. Il ne ressemble à aucun autre et il est difficile de savoir quels sont ses plus proches parents. On ne l'observe que quelques jours par an, dans une région du nord-ouest de l'Afrique du Sud.

Automeris larra
Famille : Saturniidae – **Longueur** : 12 cm
Distribution : Guyane française
Gare à celui qui y touche ! Cette chenille couverte d'épines est très venimeuse et inflige à qui l'effleure une douleur cuisante à la manière des feuilles des orties, mais beaucoup plus longtemps !

Loepa oberthuri
Famille : Saturniidae – **Envergure :** 11 à 13 cm
Distribution : Chine (montagnes)
C'est l'un des plus beaux représentants de la famille en Asie. Sa biologie est encore très mal connue. La chenille de cette espèce n'a été découverte qu'en 2004 et n'a pas encore été décrite par les scientifiques.

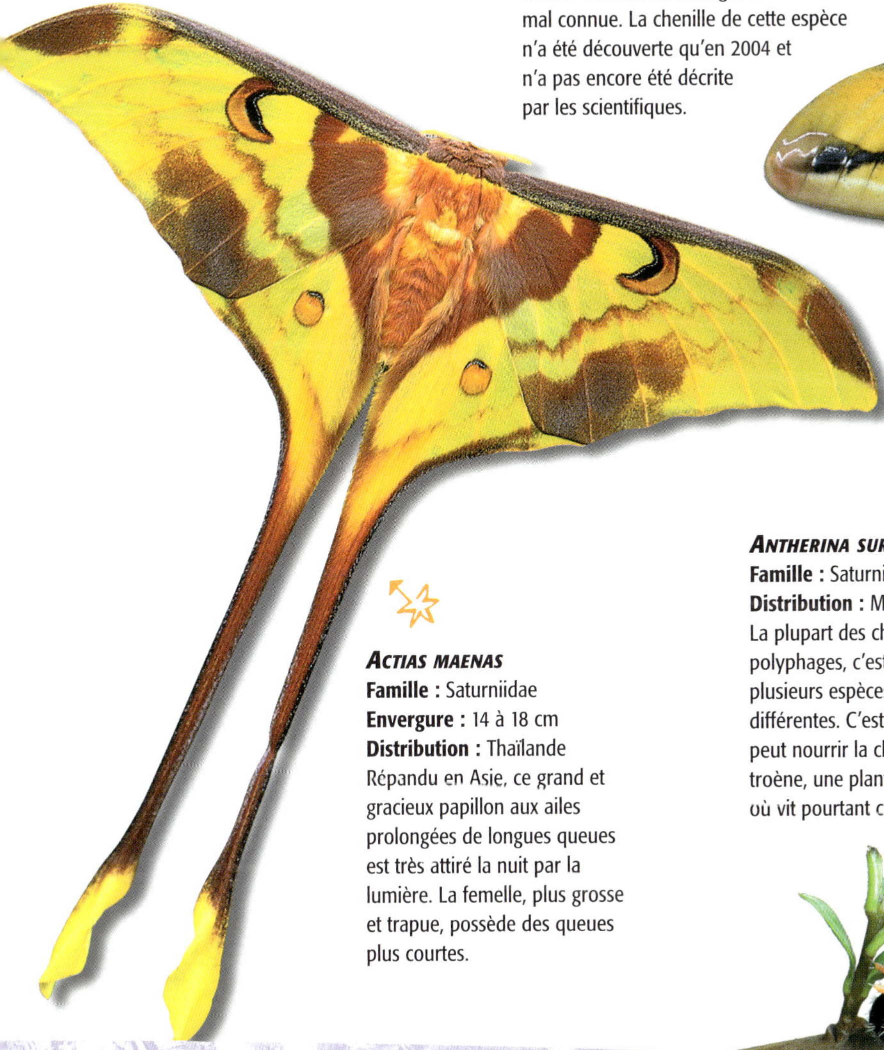

Actias maenas
Famille : Saturniidae
Envergure : 14 à 18 cm
Distribution : Thaïlande
Répandu en Asie, ce grand et gracieux papillon aux ailes prolongées de longues queues est très attiré la nuit par la lumière. La femelle, plus grosse et trapue, possède des queues plus courtes.

Antherina suraka
Famille : Saturniidae – **Longueur** : 10 cm
Distribution : Madagascar
La plupart des chenilles des *saturniidae* sont polyphages, c'est-à-dire qu'elles peuvent manger plusieurs espèces de plantes, parfois très différentes. C'est le cas de cette espèce dont on peut nourrir la chenille en Europe avec du troène, une plante absente à Madagascar, où vit pourtant ce papillon !

Les premiers lépidoptères seraient apparus sur terre il y a près de 200 millions d'années. Actuellement, les papillons les plus anciens sont les Micropterigidae. Ils sont très petits et n'ont pas de trompe mais des mandibules (sortes de mâchoires) qui leur permettent de se nourrir de grains de pollen.

Dans les croyances romaines, l'âme était représentée sous la forme d'un papillon qui s'échappait du corps du mourant avec son dernier soupir. De même, les Grecs n'avaient qu'un seul mot pour dire le papillon et l'âme : psyche.

Les coléoptères

Discrets, les coléoptères sont les insectes les plus variés au monde. On en connaît plus de 370 000 espèces ! Certains nous sont familiers. Parmi les milliers d'autres, on trouve les plus gros insectes au monde, ainsi que de véritables bijoux de la nature.

CARABE SPLENDIDE – *CARABUS SPLENDENS*
Famille : Carabidae – **Distribution :** Europe
Les carabes sont des coléoptères carnivores. À la nuit tombée, ils se mettent en chasse de chenilles, de vers ou d'escargots. Ils se déplacent sur le sol, incapables de voler. Pendant le jour, ils se cachent sous les pierres ou dans des souches d'arbre où il n'est pas rare de les découvrir (*voir DVD, chap. 4*).

SCARABÉE SACRÉ – *SCARABAEUS SACER*
Famille : Scarabaeidae – **Distribution :** Europe
La nourriture de cet insecte est étonnante : il se régale de bouse de vache ! En recyclant ces déchets, aidés d'autres insectes, ces "bousiers" sont cependant très utiles pour l'enrichissement du sol. Mâles et femelles coopèrent pour creuser des galeries et y apporter une petite boule de bouse dont la larve* se nourrira.

CÉTOINE DORÉE – *CETONIA AURATA*
Famille : Scarabaeidae
Distribution : Europe
Les cétoines sont de magnifiques coléoptères mangeurs de fruits et de pollen. On les observe très souvent en été sur les fleurs des sureaux et des arbres fruitiers. La larve* vit dans le bois pourri.

BALANIN DU CHÊNE – *CURCULIO GLANDIUM*
Famille : Curculionidae – **Distribution :** Europe
Ce petit coléoptère, très discret, est pourtant particulièrement étonnant lorsqu'on l'observe de près. La longueur extraordinaire du rostre (sorte de bec) de la femelle lui permet de percer les glands de chêne pour y déposer ensuite ses œufs. La larve* se développe à l'intérieur du gland, parfaitement dissimulée.

LUCANE CERF-VOLANT – *LUCANUS CERVUS*
Famille : Lucanidae – **Distribution :** Europe
Tel le cerf auquel ils doivent leur nom, les lucanes cerfs-volants mâles se battent avec ardeur. Ils entrechoquent leurs énormes mandibules (mâchoires). Les combats sont sans merci. Seul le vainqueur pourra espérer séduire la femelle convoitée qui, elle, a de petites mandibules. Les larves* vivent dans le bois mort, ce sont de gros vers blancs.

L'ordre des coléoptères collectionne les records. C'est de loin le plus riche en nombre d'espèces. Alors que le plus petit ne mesure que 0,25 mm, le plus grand, le titan, atteint 17 cm, un record ! L'insecte le plus lourd au monde est une cétoine d'Afrique, le goliath. Il pèse jusqu'à 100 g (voir DVD, chap. 2) !

Le scarabée pique-prune, Osmoderma eremita, *est une espèce en déclin en Europe. Il a déjà disparu aux Pays-Bas et en Belgique. Protégé par une loi européenne, sa découverte a entraîné récemment l'interruption momentanée d'un chantier d'autoroute en France.*

PACHYRRHYNCHUS

Famille : Curculionidae – **Distribution :** Philippines

Dans les forêts tropicales des archipels de l'Indonésie, des Philippines et de la Papouasie Nouvelle-Guinée, les extraordinaires charançons du genre *Pachyrrhynchus* semblent tout droit sortis de l'imagination d'un artiste ! De plus, les couleurs des taches pailletées du corps sont différentes sur chaque île. Il y en a des roses, des rouges, des bleues, des vertes, et une multitude de mélanges !

DYNASTE HERCULE – *DYNASTES HERCULES*

Famille : Scarabaeidae – **Distribution :** Amérique du Sud, Caraïbes

Ce colosse des forêts tropicales peut atteindre 16 cm de long ! Seul le mâle porte de longues cornes sur la tête et le thorax. La femelle, plus petite et plus discrète, pond ses œufs dans du bois en décomposition dont les larves*, d'énormes vers blancs, se nourrissent.

SCARABÉE DORÉ – *PLUSIOTIS NOGUEIRAI*

Famille : Scarabaeidae – **Distribution :** Amérique latine

Ces magnifiques coléoptères sont très recherchés. Ils font le bonheur des collectionneurs, mais ils sont aussi vendus comme bijoux, en broches, en boucles d'oreilles ou en médaillons. Les adultes mangent des feuilles et les larves* vivent dans le sol où elles se nourrissent de racines.

TITAN – *TITANUS GIGANTEUS*

Famille : Cerambycidae – **Distribution :** Amazonie

Le titan est le plus gros insecte du monde. Il peut atteindre 17 cm de long ! Sa taille a même permis à des scientifiques de coller sur son thorax un petit émetteur afin de le localiser en permanence et de suivre ses déplacements nocturnes et ses activités.

Sous la forme de hiéroglyphes, de peintures, d'amulettes et de bijoux, le scarabée était l'un des symboles les plus importants de l'Égypte ancienne. Khepri, l'une des formes de Rê, dieu du soleil, était représenté par un homme dont la tête était un scarabée.

Les coléoptères n'ont pas de dard. Ils ne piquent donc pas. Pour se défendre, certains, tels les carabes, sécrètent ou projettent des substances irritantes. D'autres peuvent mordre. Le mâle du lucane, aux mandibules (mâchoires) impressionnantes, est inoffensif, mais il faut se méfier des morsures des femelles.

Les éphémères ou mouches de mai

Vivant sur terre depuis plus de 300 millions d'années, les éphémères sont les insectes ailés les plus anciens. La brièveté de leur existence à l'état adulte est à l'origine de leur nom, mais elle n'est que l'aboutissement d'une vie larvaire aquatique beaucoup plus longue.

Gracieux et fragiles

Les éphémères sont facilement reconnaissables à la position des ailes – dressées à la verticale du corps lorsque l'insecte est au repos – et aux trois longs filaments qui prolongent leur abdomen. Leur corps est très fin, presque cylindrique, et les deux paires d'ailes, fines et membraneuses, sont de forme et de taille inégales. Les larves* sont aquatiques ; elles portent de chaque côté de leur abdomen des branchies pour respirer sous l'eau (*voir p. 25*). La plupart se nourrissent de déchets végétaux ou animaux, mais quelques espèces sont prédatrices. Adultes et larves, par leur abondance, sont des maillons très importants de la chaîne alimentaire* aquatique. Particulièrement appréciés par les poissons, notamment les truites, les éphémères ont été copiés avec le plus grand soin par les amateurs de pêche à la mouche qui surveillent attentivement les apparitions de ces insectes.

L'éphémère (à droite) et la "mouche" du pêcheur (à gauche). Cette copie artificielle, fabriquée à l'aide de plumes, est lancée et balancée au-dessus de la surface de l'eau... jusqu'à ce qu'un poisson saute hors de l'eau et s'en saisisse.

Une double vie...

La vie adulte de l'éphémère est particulièrement courte. Elle se compte en minutes ou en jours, et elle n'est vouée qu'à une seule activité : se reproduire. À l'aube ou au crépuscule, dans une nuée nuptiale montant et descendant au-dessus de l'eau, ces insectes s'unissent dans une fantastique bousculade où seuls les mâles les plus habiles et les plus grands parviendront à s'accoupler. Les femelles pondent alors des milliers d'œufs dans l'eau, et les jeunes larves entament un développement qui peut durer 3 ans et qui ne compte pas moins de 12 à 35 mues (*voir p. 14-15*) consécutives ! Cette existence, plus longue et entièrement aquatique, est comme une autre vie pour l'éphémère. Les larves de la plupart des espèces se nourrissent de végétaux aquatiques ou de divers déchets tombés sur le fond ; quelques-unes sont également carnivores.

Indicateurs biologiques

On trouve des éphémères dans tous les types de milieux aquatiques. De la mare au lac, de la rivière au torrent de montagne, les éphémères et leurs larves ont su s'adapter partout. Cette aptitude est particulièrement intéressante pour les scientifiques qui utilisent ces insectes comme marqueurs ou indicateurs biologiques. En effet, ces insectes fragiles sont très sensibles à la pollution ainsi qu'aux dégradations du milieu causées par une sécheresse ou des prélèvements d'eau pour l'irrigation trop importants. En récoltant les éphémères et leurs larves, ils peuvent en déduire, selon les espèces présentes et leur abondance, des informations particulièrement importantes concernant la qualité de l'eau.

Lorsque les conditions sont favorables, des éclosions massives d'éphémères surviennent. Ces nuées sont un véritable festin pour les poissons. Parfois, venant mourir par milliers sur les routes après s'être reproduits, ces insectes rendent la chaussée glissante et dangereuse.

Comme les libellules, les éphémères sont incapables de replier leurs ailes sur leur corps à la façon de tous les autres insectes. Cette caractéristique, considérée comme primitive, est à l'origine du regroupement des odonates et des éphéméroptères sous le nom de paléoptères.

Au cours de leur développement, les éphémères passent par un stade dit "subadulte" unique chez les insectes. Il s'agit d'un stade transitoire entre la larve* et l'adulte, qui peut durer quelques heures ou plusieurs jours. À ce stade, l'insecte est déjà muni d'ailes développées et fonctionnelles.

La pratique de la pêche à la mouche nécessite une observation attentive de la nature et quelques connaissances d'entomologiste*. Un bon pêcheur utilise un leurre, la "mouche", imitant, par sa taille et sa forme, l'espèce et le stade de développement des éphémères présents au moment où il pêche.

Les hyménoptères

Abeilles, fourmis et guêpes en tous genres sont des insectes dont l'homme, comme beaucoup d'animaux, a appris à se méfier par peur de leurs douloureuses piqûres. Passée cette crainte, l'étude de ces insectes omniprésents dans notre environnement dévoile une étonnante et passionnante diversité de modes de vie.

Les guêpes à tête carrée, comme ici, mènent une vie solitaire. La femelle se nourrit du nectar des fleurs, mais capture aussi des mouches qui serviront d'aliment aux larves. Celles-ci vivent isolées dans de petites loges, à l'intérieur de tiges ou de bois mort.

Abeilles et guêpes solitaires

Alors que toutes les fourmis sont organisées en sociétés, la majorité des guêpes et des abeilles ont une vie solitaire. C'est le cas de l'abeille charpentière, ou xylocope. D'un violet sombre, cette énorme abeille creuse dans le bois sec une galerie divisée en une douzaine de loges fermées. Elle dépose dans chacune un amas de miel et de pollen sur lequel elle pond un œuf. Une fois la galerie pleine, l'abeille l'abandonne sans se préoccuper du sort de ses œufs et de ses larves*. Il en est de même pour de nombreuses guêpes solitaires qui construisent de petits nids. Après y avoir entreposé de la nourriture, la guêpe pond, ferme le nid et part en construire un nouveau.

La vie en société

Une des plus remarquables originalités des hyménoptères est la vie en société. On trouve chez ces insectes de nombreuses espèces organisées en colonies dans lesquelles une foule d'individus stériles s'active pour la survie et la reproduction de la reine, leur mère, et de sa progéniture. Abeilles et fourmis (*voir p. 32-33 et 34-35*) en sont de remarquables exemples. Elles ont atteint des niveaux d'organisation particulièrement complexes et performants. Les bourdons, les guêpes et les frelons vivent eux aussi en société, mais toutes les ouvrières de leurs colonies périssent à l'arrivée de l'hiver. La reine devra établir seule une nouvelle colonie au printemps.

Le frelon est l'un des plus gros hyménoptères d'Europe. Il s'alimente sur des fruits blets, mais s'attaque aussi à d'autres insectes.

C'est chez les hyménoptères qu'on trouve le plus petit insecte du monde. Dicopomorpha echmepterygis, *de la famille des Mymaridae, est un parasite* d'œufs d'insectes. Il mesure à peine 0,14 mm !*

Une piqûre d'abeille ou de guêpe est en général un événement douloureux, mais bénin. Pourtant, il existe un réel danger pour l'homme et les animaux domestiques en cas d'allergie au venin ou en cas de piqûres multiples.

Un duel de titans. Cette Pepsis, l'une des plus grosses guêpes au monde, s'attaque à une mygale bien décidée à se défendre... Il est hélas assez rare pour cette dernière d'échapper aux piqûres paralysantes de la guêpe.

Fausses chenilles

En général, les hyménoptères se reconnaissent à leur "taille de guêpe", c'est-à-dire un étranglement de leur corps entre le thorax et l'abdomen (*voir p. 10-11*). Quelques espèces font cependant exception : on les appelle les symphytes. Ces hyménoptères primitifs ne construisent pas de nids. C'est le cas de la tenthrède du rosier, *Arge rosae*. Sa larve mange en les feuilles et ressemble, à s'y méprendre, à la chenille d'un papillon. On peut toutefois la reconnaître à ses très nombreuses pattes sur l'abdomen et à l'arrière de son corps, qu'elle tient dressé au-dessus d'elle.

Les symphytes font figure d'exception au sein des hyménoptères : les adultes n'ont pas de "taille de guêpe" (voir texte) *et les larves, ici celles d'une tenthrède, vivent à l'air libre et non dans un nid. On peut facilement les confondre avec des chenilles.*

La guêpe et l'araignée

Il existe des guêpes solitaires dont la spécialité est la capture d'araignées. La femelle de ces guêpes se déplace très vite et n'hésite pas à s'engager dans une lutte au corps à corps avec l'araignée pour lui infliger plusieurs piqûres. Malgré la frénésie du combat, elle parvient à viser avec son aiguillon plusieurs centres nerveux. La guêpe se garde bien de tuer l'araignée. Sa frappe, d'une précision chirurgicale, a pour seul effet de la paralyser. Elle peut alors transporter le corps inerte de sa victime dans le nid qu'elle a creusé. Elle y pond ensuite un œuf, puis dissimule l'entrée du nid et s'en va. La larve de la guêpe prendra soin de ne pas tuer l'araignée en ne mangeant que des parties non vitales de son corps. Ce garde-manger, vivant mais paralysé, gardera ainsi sa fraîcheur durant les quelques semaines nécessaires à la croissance de la larve. En Amérique du Sud, certaines de ces guêpes sont gigantesques et s'attaquent sans hésiter aux plus grosses mygales.

De nombreux hyménoptères sont des parasites (voir p. 17)*. C'est le cas des ichneumons dont les femelles, munies d'une très longue tarière* (voir p. 11)*, pondent leurs œufs dans des larves d'insectes à l'intérieur des branches ou des tiges.*

Le dard des hyménoptères résulte d'une modification de l'organe utilisé par la femelle pour pondre ses œufs, appelé ovipositeur. Toutes les espèces n'en possèdent pas, et les mâles sont tous incapables de piquer.

Lorsque la femelle d'un hyménoptère Cynipidae pond un œuf dans l'épaisseur d'une feuille de chêne, elle provoque la formation, sur la feuille, d'une boule très dure, la galle (voir illustration ci-dessus)*. La larve* se développe alors à l'intérieur en mangeant ses parois. Elle profite donc de cette curieuse réaction de l'arbre.*

Les diptères

Mouches et moustiques sont des insectes un peu particuliers : ils n'ont que deux ailes ! Ce sont pourtant les champions de la voltige. Méconnus, les diptères ont une importance écologique fondamentale, mais ils souffrent souvent de la réputation de quelques espèces particulièrement nuisibles.

SEULEMENT DEUX AILES

Chez tous les diptères (ici, un tipule ou cousin), la seconde paire d'ailes est réduite à de petits moignons appelés balanciers. En vibrant au même rythme que les ailes pendant le vol, ils assurent l'équilibre de l'insecte.

La larve de la mouche tsé-tsé se développe dans l'abdomen de la femelle. Celle-ci "accouche" d'une larve totalement développée qui cherche alors un lieu propice à sa métamorphose*. Cet insecte produit peu de descendants, mais ils sont très bien protégés, c'est une stratégie de type k (voir encadré p. 18).*

Les drosophiles sont de minuscules mouches qui aiment les fruits mûrs. Ce sont aussi les animaux de laboratoire les plus utilisés dans le monde par les scientifiques. Objets de recherches en génétique ou en physiologie, elles sont à l'origine de découvertes fondamentales en biologie et en médecine.

La mouche : mode d'emploi

La mouche domestique, commune dans nos maisons, est dotée d'une mécanique incroyablement performante. Sa tête mobile et ses yeux composés de milliers de facettes lui permettent de détecter des dangers aussi bien devant que derrière elle... Essayez donc de l'attraper ! En vol, c'est un prodige. Ses deux ailes et ses balanciers (*voir encadré*) lui permettent les figures les plus complexes : descente en piqué, looping, vol stationnaire... Dotée d'une endurance surprenante pour un si petit animal, la mouche peut voler pendant de nombreuses minutes sans se poser, battant des ailes près de 300 fois par seconde ! Après avoir repéré sa nourriture grâce à son odorat extrêmement fin, elle se pose et l'aspire à l'aide de sa courte trompe. Durant sa vie, longue de 10 à 12 jours, la femelle pondra environ 1 000 œufs d'où sortiront des larves*, les asticots, pouvant se nourrir de divers détritus, de viande ou de fromage.

Tristement célèbres

On connaît très mal les 120 000 espèces de diptères décrites à ce jour. En revanche, un petit nombre d'entre elles nous sont hélas familières à cause des nuisances qu'elles provoquent. Si nous avons tous été ennuyés par le bourdonnement et les piqûres des moustiques, ou par la ténacité des taons, il faut savoir que dans certaines régions du monde quelques diptères font des ravages beaucoup plus graves. Dans les zones tropicales, tout particulièrement en Afrique, ces insectes transmettent, par leur piqûre, des parasites* microscopiques mortels pour l'homme ou les animaux domestiques. Ainsi, la mouche tsé-tsé (*voir p. 73*) transmet la maladie du sommeil, et le moustique anophèle est vecteur* du paludisme, une maladie qui tue 2 millions d'hommes dans le monde chaque année.

Une importance écologique considérable

Aux côtés des quelques espèces particulièrement nuisibles de diptères, des milliers d'autres sont totalement inoffensives. Elles jouent un rôle fondamental dans le bon fonctionnement des écosystèmes* de la planète. En effet, beaucoup interviennent dans la pollinisation des fleurs (*voir p. 30*), ou sont les parasites ou les prédateurs d'autres insectes. Les diptères, présents partout et particulièrement abondants, sont aussi un maillon très important de la chaîne alimentaire*. Ils sont dévorés par de nombreux autres insectes, par les oiseaux, les poissons, etc. Plus que tout, les mouches ont un rôle clé dans le recyclage de la matière animale ou végétale en décomposition. Les restes d'un oiseau mort, par exemple, disparaîtront en quelques jours sous l'action de plusieurs milliers d'asticots.

La larve d'une petite mouche brésilienne appelée* Pseudacteon tricuspis *se développe dans la tête des fourmis de feu. À maturité, elle sécrète une substance qui fait tomber la tête. Ces mouches "coupeuses de tête" sont utilisées aux États-Unis pour lutter contre l'invasion de ces fourmis.*

La police scientifique utilise les mouches pour déterminer l'heure du décès d'une victime. Dès les 5 premières minutes après la mort, différentes espèces de diptères se succèdent pour pondre sur le cadavre. En identifiant les asticots récoltés, on peut donc savoir avec précision l'heure de la mort.

Les phthiraptères : gare aux poux !

Se gratter, se gratter... On ne pense qu'à ça quand on a la malchance d'héberger des poux sur sa tête ! C'est sans doute l'un des insectes les plus impopulaires qui soit. Mais si l'on veut se consoler, il faut savoir que chaque animal ou presque a son pou, l'éléphant comme le moineau...

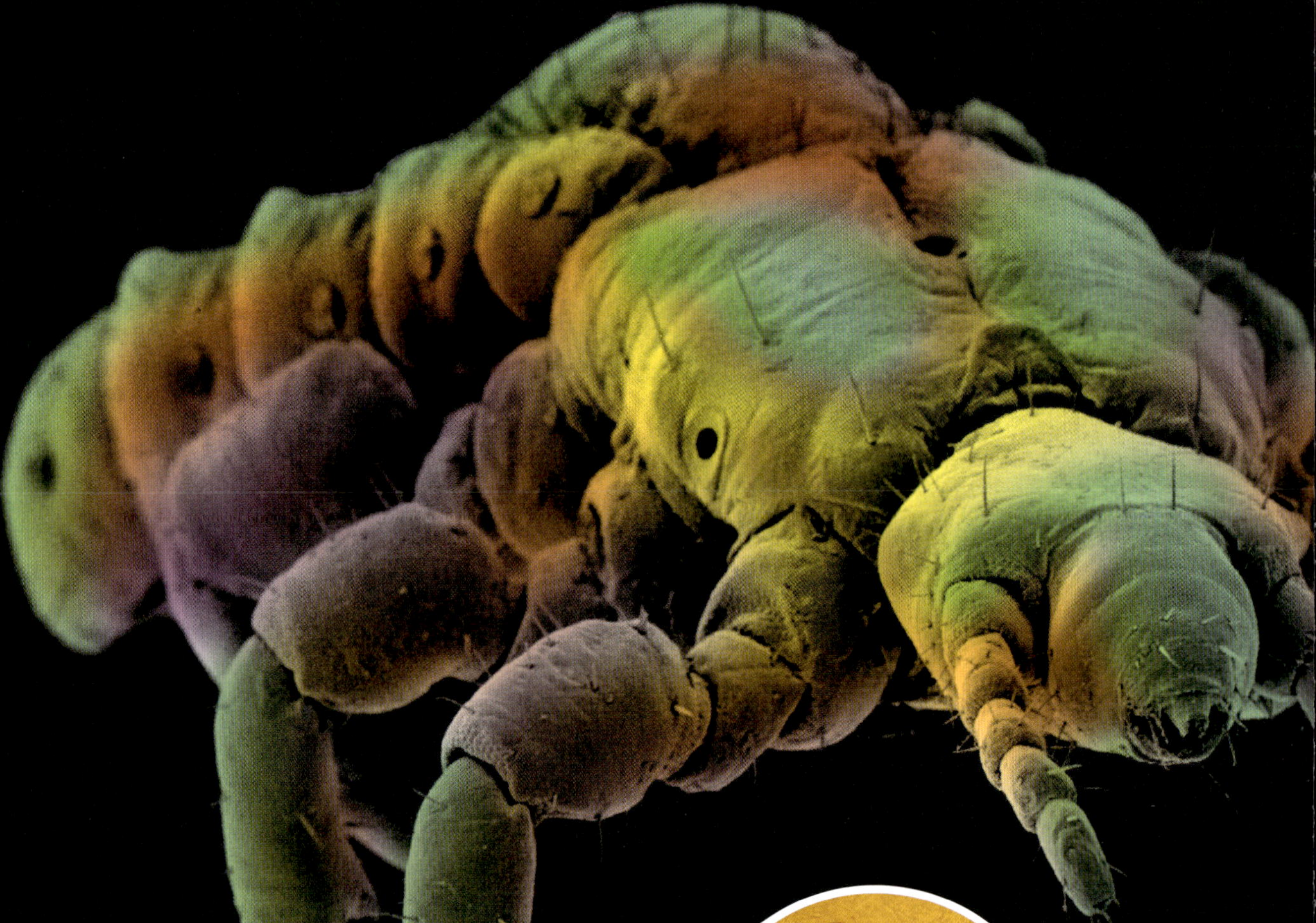

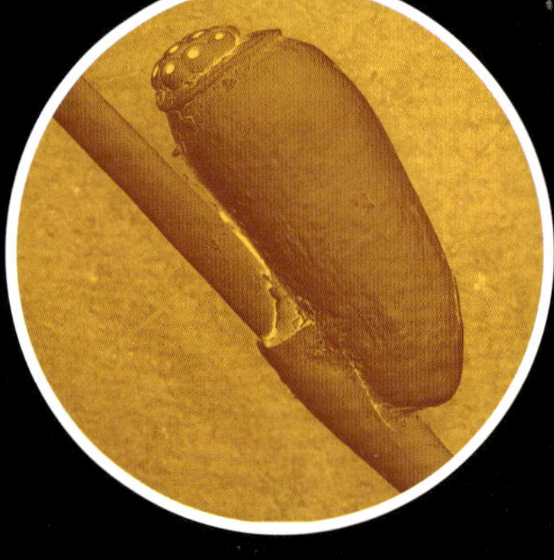

L'œuf du pou, ou lente, est une sorte de petit sac allongé blanchâtre. Plus épais qu'un cheveu il peut être vu à l'œil nu et est souvent l'un des premiers signes visibles d'une infestation de poux.

Durant des millions d'années, les parasites (voir p. 17) ont évolué en même temps que leurs hôtes. Les scientifiques appellent cela la coévolution. Ainsi, si l'on retrace la généalogie des poux, on s'aperçoit que le pou de l'homme est plus proche du pou du singe que du pou du rongeur.*

Les chauves-souris ont de la chance, elles n'ont pas de poux ! On pense que cette absence a deux causes : l'ancienneté des chauves-souris, apparues il y a plus de 35 millions d'années, avant la multiplication des espèces de poux, et leur mode de vie qui les met peu au contact des autres mammifères.

Les griffes crochues des poux leur permettent de se cramponner fermement à un support aussi fin qu'un cheveu.

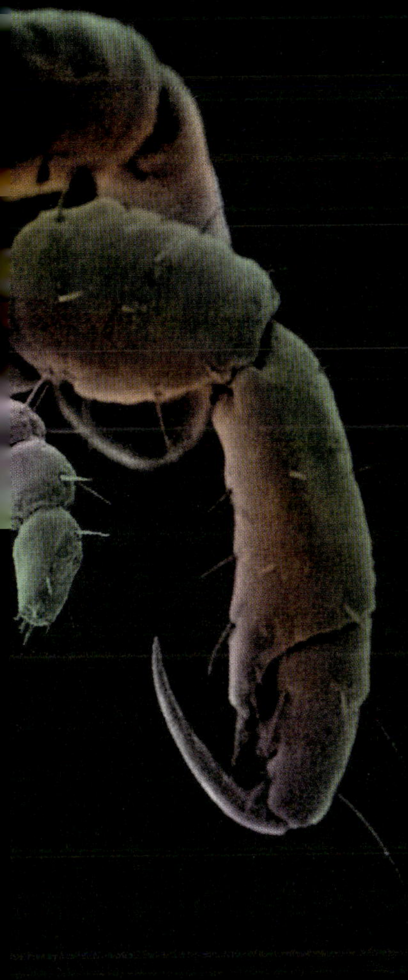

Le pou de l'homme

Il s'appelle *Pediculus humanus* et mesure 2 à 3 mm de long ; son corps est aplati, ses yeux sont petits et il n'a pas d'ailes : c'est notre pou ! Grâce à ses pattes terminées par des crochets, il se cramponne à nos cheveux et résiste aux grattages les plus énergiques... Il se nourrit plusieurs fois par jour de notre sang, provoquant par ses piqûres d'intenses démangeaisons. Au cours des 30 à 40 jours de leur vie adulte, les femelles pondent de 150 à 200 œufs à la base des cheveux : les lentes. Celles-ci donnent naissance, 10 jours plus tard, à de jeunes poux identiques aux adultes qui pourront se reproduire à leur tour après 18 ou 20 jours. Il y a deux variétés de pou de l'homme. L'une vit sur notre tête et c'est la plus connue. L'autre est moins fréquente et vit sur le reste du corps, se cachant et se reproduisant dans nos vêtements.

À chacun son pou

Chaque animal est parasité* par une espèce distincte de pou. Il existe, par exemple, un pou du phoque, de l'éléphant, ou du phacochère, et une multitude de poux des oiseaux. Certains ne se nourrissent pas de sang, mais de particules de peau ou de plumes obtenues en mordillant l'épiderme, provoquant toujours de fortes irritations. Certains peuvent s'adapter sur des animaux différents ; d'autres ne survivent que sur une seule espèce. On trouve parfois plusieurs types de poux sur un seul animal, chacun vivant sur une zone précise de son corps.

Mort aux envahisseurs !

Se débarrasser des poux devient vite une urgence. Outre les démangeaisons qu'ils provoquent, ils peuvent être vecteurs* de maladies graves comme le typhus. On trouve aujourd'hui divers produits pour les éliminer. Il faut aussi traiter nos bonnets, écharpes et draps qui peuvent abriter des œufs, et prévenir ses amis, car les poux passent d'une tête à l'autre ! Chez les animaux sauvages, tous les moyens sont bons. Les singes passent des heures à s'épouiller mutuellement ; d'autres animaux prennent des bains de poussière. Certains oiseaux ont une technique originale : en agitant leurs ailes au-dessus d'une fourmilière, ils se font volontairement attaquer par les fourmis qui projettent sur leur plumage de l'acide formique, une substance répulsive pour les poux !

Curieusement, les poux ont joué un rôle décisif lors de nombreuses guerres. Il furent, par exemple, responsables de la défaite de Napoléon face aux Russes à Leipzig en 1813. Proliférant dans des conditions d'hygiène difficiles, ces insectes causèrent une épidémie de typhus tuant plusieurs milliers de soldats.

Les poux sont admirablement adaptés à leurs hôtes. La forme et la taille de leurs pattes correspondent souvent parfaitement au diamètre des poils ou des plumes auxquels ils s'agrippent. Il y a ainsi peu de chance que le pou de l'homme puisse vivre sur un oiseau, et inversement !

Les termites ou isoptères

Les termites ont mauvaise réputation à cause des dégâts qu'ils peuvent occasionner aux charpentes, portes et autres éléments en bois de nos maisons. On sait moins qu'ils sont des architectes hors pair, qu'ils sont les inventeurs de la climatisation, et que, sous les tropiques, ils jouent un rôle essentiel dans l'équilibre de l'écosystème*.

De gigantesques sociétés organisées

Comme les fourmis, les termites vivent en société. Une colonie, qui peut compter des millions d'individus, renferme différentes castes. Le couple royal est formé d'un roi, petit, et d'une énorme reine qui pond chaque jour des milliers d'œufs. Des soldats à la tête renflée et aux fortes mandibules (mâchoires) défendent la colonie. Les ouvriers, enfin, sont les plus nombreux. Ils construisent le nid, le réparent, récoltent la nourriture et nourrissent les jeunes et le couple royal. Ils sont stériles, c'est-à-dire qu'ils ne peuvent pas se reproduire, mais à la différence des abeilles et des fourmis, ils peuvent être de sexe mâle ou femelle. Une ou deux fois dans l'année, la colonie produit des centaines d'individus ailés, les reproducteurs, qui quittent massivement la termitière. C'est l'essaimage*. Après l'accouplement, chaque nouveau couple royal perd ses ailes et s'installe dans le sol pour y établir sa propre colonie.

Architectes de la nature

En Europe, les termites se contentent de creuser des galeries dans le bois, ou de nicher dans l'épaisseur de nos cloisons, causant ainsi parfois de graves dégâts à nos maisons. Mais en Afrique ou en Australie, certaines espèces construisent d'incroyables monuments (principalement avec de la terre). Ces termitières, parfois appelées "cathédrales", peuvent dépasser 9 m de hauteur ! Et ce n'est que la partie visible du nid, qui bien souvent s'étend sur plusieurs dizaines de mètres dans le sol. Pour éviter une trop grosse chaleur à l'intérieur, ces constructions sont percées d'un réseau complexe et performant de conduits d'aération, assurant leur climatisation. Ainsi, en pleine savane africaine, alors que les parois du nid seront brûlantes, il règnera à l'intérieur une température n'excédant pas 30 °C.

Une reine termite du genre Macrotermes *peut vivre 15 ans. Au rythme de 40 000 œufs pondus chaque jour, elle aura produit à la fin de sa vie 219 millions d'œufs ! Qui dit mieux ?*

Les soldats des termites ont beau être aveugles, ils ne sont pas pour autant inoffensifs. Leur tête, renflée et en forme de poire, possède de puissants muscles qui leur permettent de sectionner d'un coup de mandibules (mâchoires) les pattes ou les antennes de leurs adversaires.

Dans une même termitière, on trouve plusieurs sortes de termites, ce sont les castes (voir texte). Les plus petits et les plus nombreux sont les ouvriers, et ceux dont la tête est très grosse sont les soldats.

Des termites au menu

Dans les régions tropicales, les termites sont si abondants qu'ils sont l'aliment principal de très nombreux animaux. Beaucoup d'oiseaux, mais aussi des mammifères comme le pangolin, l'oryctérope ou le tatou sont des spécialistes de la chasse aux termites. Le chimpanzé passe aussi beaucoup de temps à capturer ces insectes, utilisant une méthode surprenante : il perce le nid des termites avec un bâton assez gros, puis il glisse dans le trou une branche fine et souple. Agressés, les termites mordent cet outil et le chimpanzé n'a plus qu'à le retirer et à dévorer très vite cette délicieuse "brochette". En Afrique, l'homme apprécie aussi tout particulièrement les termites ailés qui quittent la colonie par milliers au moment de l'essaimage.

ILS NE PERDENT PAS LE NORD...

Le termite "boussole" d'Australie oriente toujours son nid selon un axe nord-sud, de sorte que la surface large du nid ne soit exposée à la chaleur du soleil que le matin et le soir. Ainsi, aux heures les plus chaudes de la journée, c'est la petite surface qui se trouve exposée, ce qui évite la surchauffe.

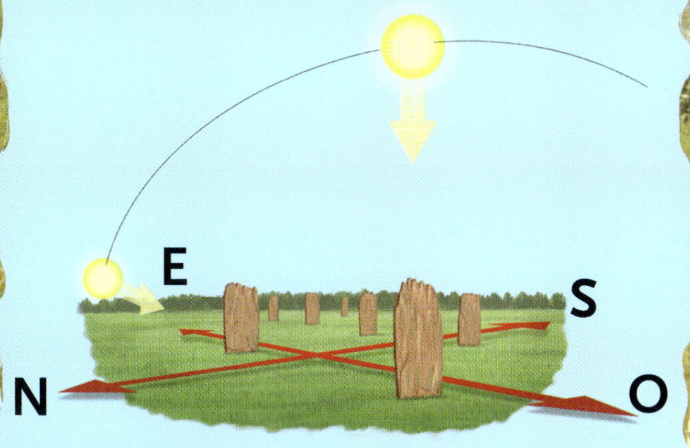

Des scientifiques qui se sont intéressés aux fantastiques constructions de termites et à leur impact sur les sols en Afrique du Sud ont eu la surprise de découvrir que le nid étudié, encore habité, était déjà présent au même endroit il y a 4000 ans !

Dans les forêts tropicales, les termites consomment d'énormes quantités de feuilles et de bois morts. On estime que grâce à eux, la moitié de la matière végétale tombée au sol est recyclée. Dans les régions tempérées, ce sont les vers de terre qui jouent ce rôle considérable.

La mante religieuse : de périlleuses amours !

L'origine de son nom vient de la position de ses pattes avant, jointes devant elle comme si elle priait. Mais ne nous y trompons pas ! Cet insecte est en fait un prédateur impitoyable prêt à saisir en un éclair une proie passant à sa portée !

Équipée pour tuer

Après avoir choisi un lieu stratégique pour tendre un piège, près d'une fleur ou à l'extrémité d'une tige, la mante, immobile, attend sa victime. Seule sa tête triangulaire, ornée de gros yeux globuleux, suit les mouvements des animaux passant à proximité. S'il s'approche trop, un insecte, par exemple un criquet, va déclencher la frappe éclair de la mante. En moins d'une seconde, celle-ci déplie et projette en avant ses deux premières pattes, dites préhensiles ou ravisseuses, puis les resserre aussi rapidement, telle une pince, sur le criquet. Chacune des mâchoires formées par cette pince est dotée d'épines qui, en s'enfonçant dans la proie, l'empêchent de fuir. La mante peut alors dévorer sa victime. Elle ne laisse souvent que les ailes, les pattes et les antennes.

La dure vie des mâles

Le mâle de la mante religieuse, souvent plus petit que la femelle, doit affronter un immense danger pour se reproduire. Il connaît l'appétit vorace de sa compagne et sait qu'en s'approchant d'elle il risque d'être dévoré, comme tout autre insecte. Il attend donc qu'elle soit rassasiée et disposée à s'accoupler. Elle l'avertit parfois qu'elle est prête en émettant des phéromones* et en modifiant son comportement. Mais le mâle doit rester prudent. Arrivant lentement derrière elle, il saute sur son dos et s'accouple aussitôt. Mais il n'est pas encore tiré d'affaire, car bien souvent, après l'accouplement ou même pendant celui-ci, la mante dévore son amant !

UNE ARME REDOUTABLE

D'autres insectes possèdent, comme les mantes, des pattes ravisseuses. Ils emploient la même technique de chasse. C'est le cas des mantispes, de l'ordre des névroptères, et des nèpes qui sont des punaises aquatiques.

Nèpe

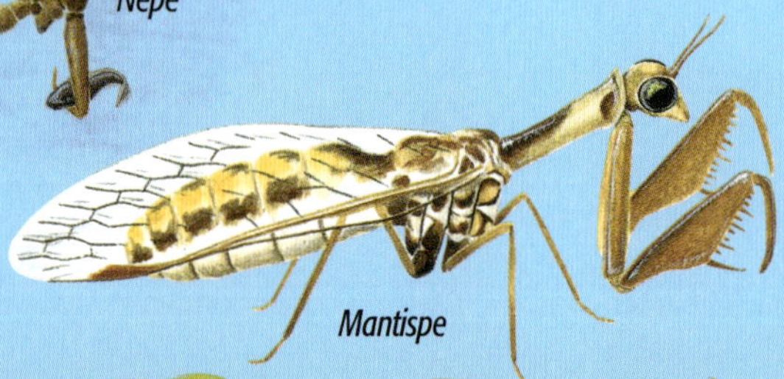

Mantispe

La grande majorité des espèces de mantes se trouvent dans les régions tropicales. Elles peuvent être très grandes et atteindre près de 20 cm de longueur. Il existe une multitude de formes. Certaines imitent des feuilles mortes, des brindilles, ou même les fleurs d'une orchidée.

Plus elle grandit, plus la mante attaque de grosses proies. Dans son jeune âge, elle capture des pucerons ou des moucherons. Adulte, elle mange surtout des criquets, des grillons ou des papillons. Les plus grosses espèces s'attaquent occasionnellement à de petites souris ou de jeunes grenouilles !

Cacher et protéger ses œufs

Quelques jours ou semaines après s'être accouplée, la femelle pond ses œufs sur une branche ou une pierre. Elle les recouvre d'une substance mousseuse qui durcit à l'air et prend petit à petit l'aspect du papier. Cet amas s'appelle une oothèque. Elle peut contenir une douzaine ou plusieurs centaines d'œufs selon les espèces. En Europe, les œufs attendent tout l'hiver et n'éclosent qu'au printemps : les jeunes mantes peuvent alors trouver de petits insectes pour se nourrir. Chez quelques espèces tropicales, la femelle protège l'oothèque d'éventuels prédateurs ou parasites* jusqu'à l'éclosion des œufs.

L'accouplement est un moment critique de la vie du mâle de la mante religieuse. Celui-ci a mis à profit un repas de sa compagne pour tenter sa chance... Un bref répit, car il n'est pas sauf pour autant et pourrait bien servir de dessert à sa dangereuse conquête.

La mante possède sous son thorax (voir p. 10-11) un organe très particulier. En vol, il lui permet de percevoir les ultrasons émis par les chauves-souris. Dès qu'elle détecte la présence de ce prédateur, la mante se laisse brutalement tomber au sol pour lui échapper.

La forme triangulaire de la tête de la mante et la disposition de ses gros yeux lui permettent d'évaluer précisément la distance qui la sépare de sa proie. Elle sait aussi apprécier la vitesse et la direction de son déplacement afin de faire "mouche" presque à chaque fois !

Maîtres dans l'art du camouflage : les phasmes

Invisibles ! Parfaitement dissimulés dans la végétation, les phasmes sont d'extraordinaires imitateurs de leur environnement. Se confondre avec tiges, brindilles, branches, feuilles mortes, feuillage frais, lichens ou mousses, rien n'est impossible pour ces champions du mimétisme*.

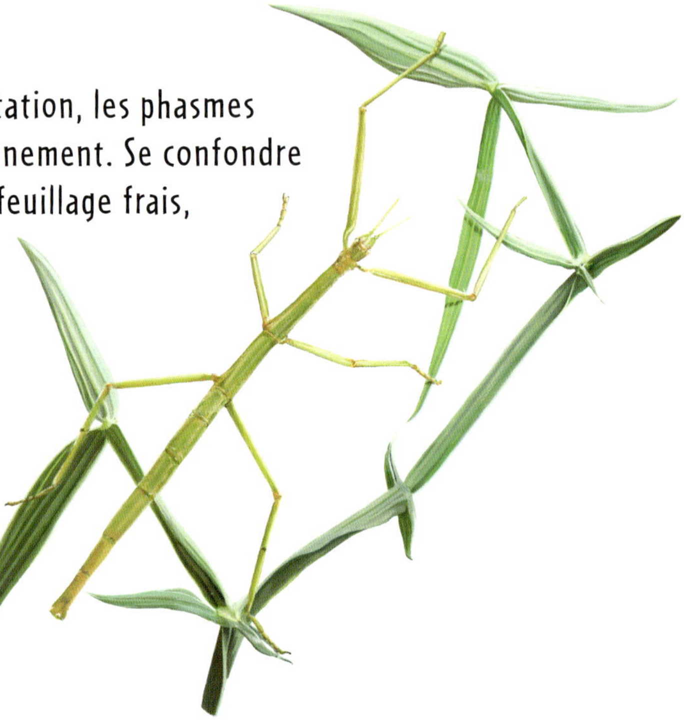

Phasme brindille de Rossi – *Bacillus rossius*
Distribution : sud de l'Europe
Longueur du corps : mâle 5 cm, femelle 10 cm
C'est l'un des rares phasmes que l'on peut avoir la chance d'observer en Europe, à condition d'avoir de bons yeux et de la patience, car sa ressemblance avec une herbe ou une brindille le rend très difficile à repérer. Il est présent tout au long de l'année. Ce sont les jeunes qui entament l'hiver. Ils mangent les feuilles des ronces et de la bruyère, et deviennent adultes au début du printemps.

Phasme du Pérou – *Oreophoetes peruana*
Distribution : Pérou, Équateur – **Longueur du corps :** 9 cm
Il fait figure d'exception chez les phasmes. Cette surprenante espèce du Pérou ne se cache pas, au contraire, elle se montre ! Le mâle est rouge sang et la femelle noire et orange. Par ses couleurs vives, ce phasme avertit les prédateurs qu'il est toxique ; ceux-ci préfèreront donc l'éviter (*voir p. 38*). Néanmoins, en cas d'agression, il secrète sur son thorax un liquide blanc, odorant et très toxique. Il est même capable de le projeter autour de lui. Grâce à cette protection chimique et à sa teinte vive, *Oreophoetes peruana* est l'un des seuls phasmes à être actif en pleine journée, mangeant avec appétit les feuilles des fougères.

Phasme à tiare – *Extatosoma tiaratum*
Distribution : Australie – **Longueur du corps :** 10 à 13 cm
Extraordinaire copie de feuilles mortes, la femelle de ce phasme passe inaperçue durant la journée, perchée parmi les feuilles sèches des eucalyptus dont elle consomme le feuillage. Lorsqu'elle est dérangée, elle se balance et enroule son abdomen au-dessus de son corps : elle ressemble alors à un énorme scorpion, à ceci près qu'elle est totalement inoffensive, mais encore faut-il le savoir ! Le mâle est plus petit et possède de longues ailes. Les jeunes tout juste sortis de l'œuf sont très actifs et ressemblent à de grosses fourmis.

Le phasme Pharnacia acanthopus *est sans aucun doute l'insecte le plus long au monde. Toutes pattes étendues, il atteint 50 cm de long !*

En Nouvelle-Guinée, le mâle du phasme cuir, à la cuticule brune et coriace, est très agressif. Armé de terribles éperons sous ses pattes, il se bat à mort pour conquérir les femelles. Durant ces combats, il dégage une odeur forte et frappe le sol de son abdomen pour impressionner son adversaire.*

PHYLLIE GÉANTE – *PHYLLIUM GIGANTEUM*
Distribution : Malaisie
Longueur du corps : 12 cm
C'est sans doute l'un des insectes les plus insolites. Sa ressemblance avec une feuille est extraordinaire, le soin du déguisement allant jusqu'à imiter les blessures de la feuille ou les déchirures de ses bords. Mais ce phasme a raison d'être aussi perfectionniste, car imiter une jeune et belle feuille, en parfaite santé, aurait eu le désavantage de susciter un nouveau danger : celui de se faire dévorer par un animal herbivore. Un comble ! On ne connaît pas le mâle de cette espèce, et son existence même n'est pas certaine. En effet, par parthénogénèse*, les femelles parviennent à se reproduire seules.

PHASME GÉANT "DILATÉ" – *HETEROPTERYX DILATATA*
Distribution : Malaisie
Longueur du corps : mâle 12 cm, femelle 16 cm
Cet énorme phasme habite les forêts tropicales humides de Malaisie. Si l'on découvre séparément le mâle et la femelle, on croit assurément avoir affaire à deux espèces différentes. C'est ce qu'on appelle le dimorphisme sexuel. La femelle, vert pomme, longue et très large, imite une feuille allongée et dentelée. Lorsqu'elle est menacée, elle se redresse sur ses pattes et produit un bruissement impressionnant en frottant ses petites ailes. Si on la touche, elle utilise ses pattes arrière munies d'épines comme des pinces, et peut infliger de sérieuses blessures. Le mâle, plus petit, est brun et possède de longues ailes roses qui lui permettent de voler.

PHASME GÉANT D'AUSTRALIE – *ACROPHYLLA WUELFINGI*
Distribution : Australie
Longueur du corps : mâle 12 cm, femelle 20 cm
Il est l'un des plus grands phasmes au monde. La femelle atteint 30 cm de longueur lorsque ses pattes sont étendues le long de son corps. Trop lourde pour voler, elle possède des ailes bien développées qui lui permettent néanmoins d'amortir sa chute en cas de fuite. Elle utilise également ses grandes ailes pour impressionner ses agresseurs. En les dressant au-dessus de son corps, elle paraît plus grosse, un peu à la manière d'un chat hérissant son poil. Le mâle est très différent. Plus petit, fluet et nerveux, il peut voler sur d'assez grandes distances à la recherche de nourriture ou d'une partenaire pour se reproduire.

Les phasmes sont des insectes particulièrement faciles à élever. Ils s'accommodent d'un simple terrarium pour vivre, et la plupart des espèces, même exotiques, mangent sans difficulté le feuillage des ronces, du chêne ou du lierre.

Lorsqu'on les dérange, de très nombreuses espèces de phasmes se balancent de gauche à droite et de droite à gauche sur leurs pattes. Ce comportement singulier est destiné, pense-t-on, à imiter les effets du mouvement de la végétation provoqué par le vent ou par un animal.

Sauteurs et chanteurs : les orthoptères

L'ordre des orthoptères regroupe ces insectes sauteurs que nous appelons criquets, grillons ou sauterelles. On y trouve toute une variété de formes et de couleurs. Du printemps à la fin de l'été, ces insectes sont les bruyants animateurs de nos campagnes !

Criquets, grillons et sauterelles

Ces insectes familiers se distinguent par deux caractéristiques principales : ils sautent grâce à leurs pattes arrière longues et musclées, et ils chantent. On dit qu'ils stridulent. Les criquets ont toujours de petites antennes, plus courtes que leur corps, et les femelles pondent leurs œufs en enfonçant leur abdomen dans le sol (*voir p. 15*). Sauterelles et grillons, eux, ont de très longues antennes et pondent leurs œufs au moyen d'un outil particulier, l'ovipositeur, long et rigide. La femelle l'utilise pour enterrer ses œufs. Il est fin chez le grillon, très large et en forme de sabre, chez la sauterelle. Grâce à leurs ailes souvent bien développées, parfois très colorées, les criquets et les sauterelles peuvent prolonger leur saut ou même voler. Tous les orthoptères ont des pièces buccales* broyeuses. Beaucoup sont phytophages*, mais quelques sauterelles sont de redoutables carnassières.

Chanter pour communiquer

Les orthoptères ont inventé deux manières de produire des sons. Chez le grillon et la sauterelle, seul le mâle stridule, c'est-à-dire chante, en frottant l'une contre l'autre ses deux ailes avant (*voir encadré*). Chez le criquet, mâle et femelle chantent tous les deux, mais ils utilisent leurs pattes sauteuses qu'ils frottent contre leurs ailes. Ces chants, ou stridulations, sont des messages que s'envoient les individus au sein d'une même espèce : intimidation ("Gare à toi je suis là !"), séduction ("Écoute comme je chante bien !"), ou mise en garde ("Ici, c'est chez moi !"), etc. La gamme semble étendue ! Souvent, les criquets et les grillons chantent de manière saccadée, tandis que les sauterelles peuvent chanter en continu, infatigablement. Un entomologiste* spécialiste des orthoptères pourra reconnaître certaines espèces simplement en écoutant leur chant.

Pendant l'été, une multitude de criquets se dissimulent dans les herbes hautes des prés, s'enfuyant d'un bond sur notre passage.

C'est en chantant que le mâle du grillon (à gauche) parvient à séduire sa femelle. Si la mélodie plaît à celle-ci, elle le laisse approcher…

Lorsqu'ils chantent, les orthoptères courent le risque de se faire repérer par un prédateur. Pour remédier à ce problème, le grillon d'Italie change l'intensité de son chant lorsqu'il perçoit une menace. Ainsi, il sème la confusion, le prédateur ne parvenant plus à localiser l'origine du son.

Chez les orthoptères, les organes qui permettent de percevoir les sons fonctionnent de la même manière que les tympans de nos oreilles. Ils sont situés sous la base de l'abdomen chez les criquets, et près du "genou" des pattes avant chez les sauterelles et les grillons.

Un "grillon" sous la terre

La courtilière est un orthoptère assez exceptionnel. Elle passe la plus grande partie de son temps sous terre à creuser des galeries. Pour y parvenir, elle utilise sa première paire de pattes. Celles-ci sont très fortes, élargies, et rappellent les pattes avant des taupes, dont la fonction est identique. Cette ressemblance est à l'origine du surnom de cet insecte insolite : le taupe-grillon (*voir p. 21*). Considérée comme nuisible, car elle s'attaque aux racines des légumes, la courtilière a plutôt mauvaise réputation. Elle est pourtant rarement abondante et reste très difficile à apercevoir. Passant la journée sous terre, elle sort à l'air libre durant la nuit. Ses ailes lui permettent alors de se déplacer en volant. Quand vient la période de reproduction, elle stridule à la manière d'un grillon.

DEUX MANIÈRES DE CHANTER

Le chant des orthoptères, la stridulation, résulte du frottement d'une surface munie de dents sur des arêtes rigides, dites stridulantes. Chez les grillons et les sauterelles, les dents se situent sur le dessous d'une des ailes avant, et les arêtes stridulantes sur le dessus de l'autre. Chez les criquets, les dents sont sur le fémur (la "cuisse") des pattes sauteuses, et l'arête est là encore sur le dessus des ailes. Dans les deux cas, c'est un peu comme si l'on frottait un peigne sur ses doigts.

L'art de se cacher

Même si le criquet et le grillon sont très bruyants, il est assez difficile de les apercevoir. Ils se taisent dès que l'on s'approche et sont souvent parfaitement dissimulés dans la végétation. Beaucoup d'orthoptères partagent avec leurs cousins, les phasmes, l'extraordinaire faculté de se fondre dans leur milieu et de demeurer invisibles à tous. Certaines sauterelles imitent de manière remarquable des feuilles (*voir p. 36*), et il existe même un criquet qui, tel un phasme, a l'aspect d'une longue et fine brindille. On l'a surnommé pour cela le criquet phasme. On retrouve en fait chez ces insectes toutes les stratégies de défense (*voir p. 36-37 et p. 38-39*) si efficaces chez d'autres.

*Comme la plupart des orthoptères, le dectique verrucivore (*Decticus verrucivorus*), a une coloration dite cryptique qui lui permet de se fondre dans la végétation.*

Dans de nombreux pays, depuis des millénaires, le grillon est associé au bonheur et à la prospérité. On a même longtemps cru que son chant écartait les sorciers ! En Chine, les dames de la cour impériale plaçaient des grillons dans des cages d'or près de leur lit et les incitaient à chanter.

Depuis 1900, une population du grillon domestique, Acheta domestica, *a élu domicile dans le métro parisien. Ce grillon trouve dans les tunnels divers détritus pour se nourrir, et, près des rails, la chaleur nécessaire à sa survie. Son chant donne ainsi parfois un air de campagne à Paris...*

Demoiselles et libellules : les odonates

Patrouillant au-dessus des cours d'eau et des lacs, les libellules, aux ailes brillantes et au corps élancé, sont à nos yeux d'inoffensifs joyaux des airs. Mais pour les autres insectes, ce sont de terribles prédatrices ! Et que dire de leurs larves*, moins gracieuses, mais tout aussi redoutables...

Gracieuse demoiselle
Il existe deux grands groupes différents d'odonates. L'un rassemble des espèces corpulentes qui tiennent leurs ailes horizontales au repos. Ce sont les anisoptères. L'autre regroupe les demoiselles, ou zygoptères. Beaucoup plus fines, leurs ailes sont placées à la verticale le long du corps lorsqu'elles sont au repos. Ici, le caloptéryx vierge, *Calopteryx virgo*, en est l'un des plus beaux représentants.

Un accouplement... compliqué !
On peut voir souvent en se promenant au bord d'un lac ces couples de libellules très fines et très petites, formant un motif rappelant un cœur. Il s'agit ici de l'accouplement de l'aeschne printanière, *Brachytron pratense*. Face à ces individus entrelacés, difficile de s'y retrouver ! Le mâle est devant la femelle. Il la tient fermement derrière la tête grâce à la pince située à l'extrémité de son corps. La femelle, ainsi retenue, recourbe son abdomen vers l'avant pour unir ses organes reproducteurs à ceux du mâle situés à la base de l'abdomen. Dérangé, ce couple peut même s'envoler sans briser son union !

Une vision hors du commun
Ces yeux extraordinaires appartiennent à la cordulie arctique, *Somatochlora arctica*, ou émeraude du Nord, l'une des plus rares libellules d'Europe. Leur forme et les milliers de facettes, ou ommatidies, qui les composent lui assurent une vision parfaite dans toutes les directions. Un atout vital, à la fois pour repérer les proies et anticiper l'attaque vorace des oiseaux !

Certaines libellules peuvent voler à une vitesse de 80 km/h ! Leur habileté leur permet de changer brusquement de direction, de voler sur place, verticalement, ou même de se déplacer vers l'arrière. Leurs yeux très performants guident les manœuvres : ils peuvent compter plus de 10 000 ommatidies (facettes) !

En plus de la taille et de la forme des yeux, composés de nombreuses facettes, la très grande mobilité de la tête de la libellule permet une vue quasi totale de ce qui l'entoure. Soigneuse de ce formidable équipement, elle nettoie très souvent ses yeux à l'aide de ses pattes avant.

S'il reste encore beaucoup d'espèces à découvrir, il y a aussi des insectes connus que personne n'est plus capable d'identifier aujourd'hui ! Les entomologistes* sont eux-mêmes une "espèce" menacée ! Comme ils sont de moins en moins nombreux, une partie de leur savoir est en train de disparaître.

Pour observer de près un insecte vivant, on peut le placer quelques heures dans son réfrigérateur. Engourdi par le froid, il sera plus facile à étudier. Si on souhaite le conserver en collection, un séjour dans le congélateur permet de tuer l'insecte sans le faire souffrir et sans l'endommager.

Utiles à l'homme

Depuis des millénaires, des insectes nous rendent de grands services ! Ils entrent dans notre alimentation, fabriquent la soie et nous aident à éliminer d'autres insectes qui ravagent nos cultures. Il se pourrait même qu'ils soient à l'origine des médicaments du futur !

Le ver à soie

C'est en Chine, il y a près de 4600 ans, que l'industrie de la soie est née. Le mode de fabrication de cette précieuse matière est resté secret pendant plus de 3000 ans ! C'est en fait un papillon, le bombyx du mûrier, qui en est l'artisan. Sa chenille, le ver à soie, tisse au terme de sa croissance un cocon de couleur blanche dans lequel elle se métamorphosera* en papillon. C'est de ce cocon que l'homme extrait la soie. À l'intérieur d'un réseau de fils lâches, la bourre, se trouve la partie centrale du cocon, plus compacte, qui n'est formée que d'un seul et unique fil de soie. Il peut mesurer 1500 m de long ! En déroulant ce fil sans le briser, puis en le tressant et en le tissant, l'homme obtient cette magnifique matière première qu'est la soie. Les chenilles de nombreux autres papillons tissent aussi un cocon et peuvent être utilisées pour produire des soies différentes. Cependant, aucune ne rivalise en qualité avec le ver à soie dont le fil ininterrompu, fin et solide, est le plus précieux.

Quelques bombyx du mûrier, Bombyx mori, *viennent de sortir de leurs cocons. Ceux-ci sont généralement blancs, mais ils peuvent être jaunes, comme ici, ou même roses. La culture du ver à soie pour produire ce précieux tissu s'appelle la sériciculture.*

Jalousement gardé pendant 3000 ans, le secret de la soie a été percé grâce à deux moines. En l'an 555, ceux-ci ont rapporté du Tibet les précieux œufs du bombyx du mûrier, ou ver à soie, dissimulés dans un bâton creux.

Très souvent, les insectes qui ravagent nos cultures sont des espèces exotiques introduites accidentellement en Europe. Pour pouvoir les éliminer par les méthodes de la lutte biologique, il faut d'abord rechercher dans leur pays d'origine leurs prédateurs et leurs parasites, puis tenter de les introduire à leur tour en Europe.*

Les médicaments de demain ?

Les médecines traditionnelles de nombreux pays emploient des insectes pour confectionner des remèdes. En Europe, par exemple, un coléoptère appelé la cantharide officinale était autrefois utilisé, dès le Moyen Âge, pour lutter contre plusieurs maladies, en particulier celles touchant les reins. Curieusement, les médicaments modernes fabriqués par les laboratoires pharmaceutiques sont essentiellement issus des plantes et pas du tout des insectes (*voir DVD, chap. 8*). Or, par leur diversité, les insectes sont un réservoir inépuisable de nouvelles substances actives. On sait, par exemple, qu'ils se défendent eux-mêmes contre les bactéries, les champignons ou les virus grâce à des protéines spécifiques différentes des antibiotiques que nous utilisons aujourd'hui. Leur étude est en cours et certains scientifiques pensent avoir déjà découvert de nouveaux médicaments.

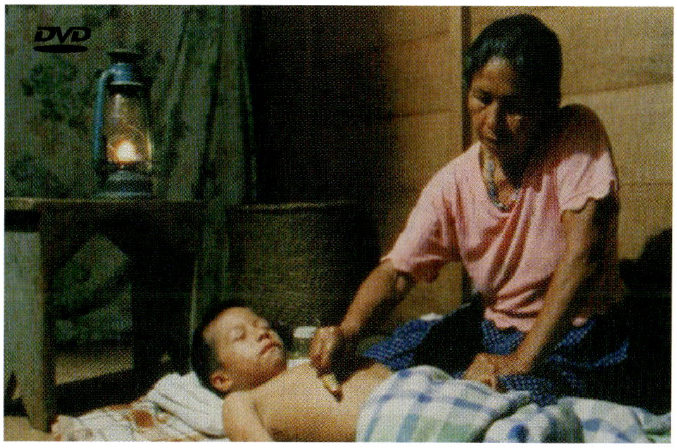

En Amérique latine, la médecine traditionnelle emploie des insectes pour soigner certaines maladies. Ici, une larve de charançon du palmier est frottée sur la poitrine d'un enfant.

*La cantharide officinale (*Lytta vesicatoria*) est un coléoptère dont le corps contient des substances très actives sur l'homme. Il a longtemps été utilisé en Europe, mais un mauvais dosage pouvait avoir des conséquences terribles et irréversibles.*

La lutte biologique

De nombreux insectes sont nuisibles pour nos cultures (*voir p. 72*). Pour s'en débarrasser, l'homme emploie chaque année des milliers de tonnes d'insecticides. Ces produits, pas toujours efficaces, sont extrêmement polluants. Ils tuent sans discernement à la fois les insectes ravageurs visés et d'autres insectes, dont les pollinisateurs pourtant si utiles (*voir p. 30-31*). Heureusement, cette méthode, que l'on pourrait qualifier de lutte chimique, n'est pas la seule. Il existe une autre méthode, non polluante : la lutte biologique. Il s'agit d'introduire dans nos cultures des ennemis naturels des ravageurs pour les éliminer. Parmi les ennemis des insectes, on compte les oiseaux et les lézards, mais il serait impossible de les faire vivre dans les immenses parcelles que nous exploitons : ils n'y trouveraient aucun abri. Ce sont donc d'autres insectes qui sont introduits dans les cultures. Ces insectes, dits auxiliaires, peuvent être des prédateurs ou des parasites*. Les coccinelles et leurs larves*, par exemple, sont d'une aide précieuse pour éliminer des pucerons : une coccinelle peut dévorer de 100 à 200 de ces petits hémiptères chaque jour !

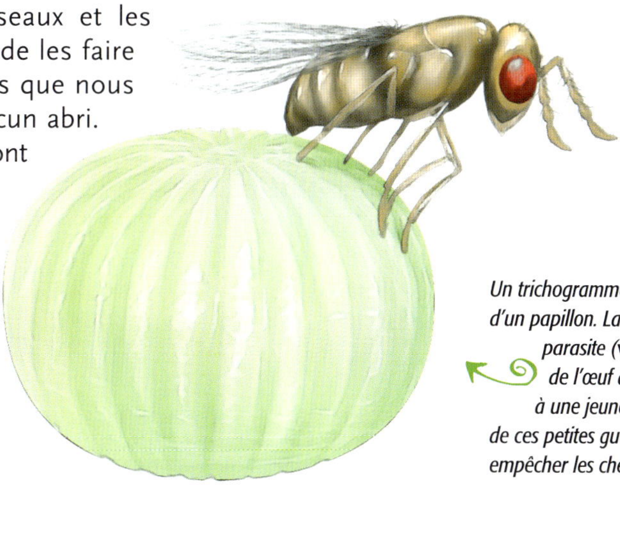

Un trichogramme est en train de pondre dans l'œuf d'un papillon. La larve de ce petit hyménoptère parasite (voir p. 17) va dévorer le contenu de l'œuf qui ne donnera jamais naissance à une jeune chenille. En lâchant des milliers de ces petites guêpes, les agriculteurs peuvent ainsi empêcher les chenilles de détruire leurs cultures.

Autrefois, beaucoup de remèdes traditionnels étaient fabriqués à base d'insectes. Des poudres ou des huiles de cantharides, de lucanes ou encore de scarabées sacrés étaient commercialisées. Aujourd'hui, en Chine, des préparations à base d'insectes sont encore couramment prescrites par les médecins (voir DVD, chap. 8).

Parmi les insectes utiles à l'homme figure sans doute en première place l'abeille, qui est de très loin la championne de la pollinisation (voir p. 30-31) : sans elle nous n'aurions plus assez de fruits et de légumes. Et non contente de nous rendre ce "petit" service, elle fabrique aussi le miel !

Les mal-aimés

Parmi les millions d'espèces présentes sur notre planète, bien peu d'insectes sont nuisibles à l'homme. Cependant, certains sont redoutables : ils ruinent nos récoltes et menacent notre santé en se faisant vecteurs* de maladies graves.

Le fléau de l'Afrique

Le criquet migrateur, *Locusta migratoria*, est l'un des insectes qui causent les ravages les plus terribles sur notre planète. Il sévit essentiellement en Afrique où il détruit périodiquement d'immenses surfaces de cultures de céréales et provoque ainsi des famines dramatiques. Quand les conditions sont favorables, les criquets migrateurs pullulent et se regroupent par centaines de millions d'individus. À la différence des papillons (*voir p. 26-27*) ou des oiseaux, qui migrent pour aller trouver dans d'autres pays la douceur du climat, la migration de ces criquets est due à la recherche de nourriture. Ils forment alors des essaims monstrueux, s'abattent sur les cultures et les détruisent jusqu'à la dernière feuille et jusqu'au dernier grain avant de repartir. Mais ils agissent de façon imprévisible, ce qui le rend le fléau particulièrement difficile à maîtriser.

Des dégâts qui coûtent cher !

En cultivant des légumes et des fruits pour nous nourrir, nous sommes très souvent en concurrence avec divers insectes, qui en font eux aussi leur repas. Cela concerne non seulement notre petit potager, où nos pommes de terre et les feuilles de nos choux sont convoitées par les doryphores et les chenilles des piérides, mais aussi les grandes parcelles agricoles, menacées par des insectes comme les thrips, les aleurodes et les pyrales. Les conséquences de cette concurrence sont considérables. On estime que les insectes détruisent chaque année la moitié de la production agricole ! Sans compter les sommes astronomiques dépensées dans les traitements insecticides, qui, en outre, sont dangereux pour notre environnement et bouleversent l'équilibre écologique.

Un essaim de millions de criquets migrateurs, prêt à s'abattre sur des cultures. Ils sont si nombreux qu'ils obscurcissent le ciel !

Un essaim de criquets migrateurs peut compter jusqu'à 500 milliards d'individus. Son poids total avoisine alors les 50 000 tonnes et lorsqu'il se pose, il recouvre plus de 5 000 km², soit 500 000 terrains de football !

Des témoignages écrits et des peintures montrant des nuées de criquets migrateurs prouvent que leurs ravages perdurent depuis l'Antiquité. On sait par exemple qu'une invasion monstrueuse a eu lieu en l'an 125 av. J.-C. dans le nord-est de l'Afrique.

UN PÉRIL POUR L'HUMANITÉ

Quelques insectes ont une influence directe sur la santé de l'homme et des animaux domestiques. Certains sont venimeux : c'est le cas des guêpes, des abeilles et des frelons. Heureusement, l'effet de leurs piqûres est rarement grave, sauf en cas d'allergie. Les chenilles de processionnaires du pin peuvent aussi causer des démangeaisons. Hélas, les conséquences sont parfois beaucoup plus dramatiques, lorsque les insectes transmettent de graves maladies comme le paludisme, la maladie du sommeil, la maladie de Chagas… Dans la plupart des cas, l'insecte, en se nourrissant de notre sang, nous injecte un parasite microscopique qui sera à l'origine de la maladie. Chaque année, dans les pays des zones tropicales, des millions de personnes meurent après avoir été contaminées par ces parasites.*

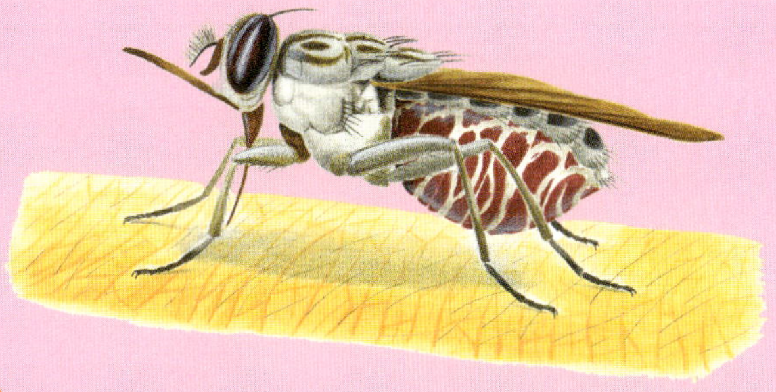

La glossine, ou mouche tsé-tsé, transmet la maladie du sommeil.

Triste record ! Le moustique anophèle, vecteur du paludisme, est indirectement responsable de la moitié des morts humaines survenues depuis le début du XXe siècle. Même si certaines formes de cette maladie sont incurables, des progrès considérables ont été faits pour la prévenir et la soigner.*

Lorsqu'ils piquent pour prendre leur repas de sang, les moustiques, les puces ou certaines mouches injectent dans un premier temps une substance anticoagulante qui fluidifie le sang. C'est à ce moment-là que l'insecte, s'il est infecté, transmet les dangereux parasites à l'origine de maladies.*

Respectons-les !

À l'heure où notre planète souffre de nos mauvais traitements, à l'heure où le béton et les vastes exploitations agricoles remplacent les forêts, ce ne sont pas seulement de grands animaux qui disparaissent, mais aussi des milliers d'espèces d'insectes…

Une planète malade

L'homme modifie considérablement le milieu dans lequel il vit. Ce faisant, il poursuit un objectif bien naturel : assurer sa survie et le succès de son espèce. Rien d'anormal à cela ! Seulement, il prend conscience aujourd'hui qu'il a beaucoup plus à gagner en respectant la nature et en la préservant qu'en l'exploitant intensivement comme il l'a fait, sans penser à l'avenir. Tout le monde sait aujourd'hui que notre planète est malade. Alors que les climats semblent se dérégler, de nombreuses espèces animales et végétales sont sur le point de disparaître, ou ont déjà disparu. Bien sûr, on protège des espèces contre la chasse et le commerce, mais c'est un peu comme poser un pansement sur une grave blessure. La protection des habitats naturels, de loin la plus efficace, est devenue une priorité. Autrefois contraire aux intérêts des hommes, l'idée fait son chemin et connaît aujourd'hui un essor encourageant.

Les insectes en première ligne

On pense souvent que les insectes sont épargnés par les changements brutaux que nous infligeons à l'environnement. Il n'en est rien ! Au contraire, ils sont considérablement touchés par les changements climatiques, la déforestation, la pollution et l'emploi de pesticides de toutes sortes. Beaucoup d'espèces sont très vulnérables, en particulier lorsqu'elles sont endémiques d'une région, c'est-à-dire quand elles n'existent qu'en cet endroit. La destruction de leur habitat entraînera inévitablement leur disparition brutale et définitive. Les scientifiques estiment que des milliers d'espèces d'insectes disparaissent ainsi chaque année, la plupart dans les zones tropicales où l'on abat les forêts de manière intensive. Beaucoup de ces espèces n'étaient même pas encore connues de l'homme…

Face au danger d'extinction qui menace les espèces animales et végétales, chacun de nous doit réagir : il suffit par exemple de pratiquer le tri sélectif ou d'éviter d'acheter certains bois exotiques, devenus rares dans la nature. Ceci est aussi important que les politiques menées à l'échelle nationale et internationale.

Les habitants des pays en voie de développement tirent souvent leurs revenus de la destruction des forêts. Heureusement, l'"écotourisme" (tourisme soucieux de la faune et de la flore) leur offre de nouveaux moyens de gagner leur vie tout en transmettant aux visiteurs un message de respect de notre planète.

UNE BONNE IDÉE !

En Papouasie-Nouvelle-Guinée, des fermes ont été créées pour l'élevage des ornithoptères, des papillons rares à l'état sauvage, particulièrement recherchés par les collectionneurs. La création de ces fermes offre deux avantages. D'une part, elles s'efforcent de faire cesser le commerce illégal en proposant à des prix très bas ces mêmes papillons, issus d'élevage. D'autre part, elles permettent d'offrir du travail à la population locale, tout en préservant l'habitat des papillons : la forêt.

L'Ornithoptera goliath, un des joyaux, menacé, de notre belle planète.

Des espèces menacées

Plusieurs espèces d'insectes sont menacées d'extinction, c'est-à-dire de disparition définitive. Certaines sont répertoriées dans la convention de Washington, un accord qui réglemente la capture et le commerce des animaux dans le monde (les gorilles, les tigres et les rhinocéros sont eux aussi protégés par cet accord). C'est le cas des ornithoptères, ces magnifiques "papillons à ailes d'oiseaux" qui habitent la Papouasie-Nouvelle-Guinée et les îles de l'Indonésie. Rendus vulnérables par la déforestation, ils ont failli disparaître du fait d'une autre menace : le commerce (*voir encadré*). Ces papillons spectaculaires, devenus tellement rares, s'achetaient à prix d'or par les collectionneurs avant d'être protégés.

On ne peut pas protéger un insecte de la même manière que l'on protège un grand mammifère comme le rhinocéros, par exemple. En effet, ce n'est pas tant le braconnage et le commerce qui mettent en péril les insectes, mais plutôt la destruction de leur milieu de vie.

Il est difficile d'assurer en même temps la protection de tous les milieux naturels. On réalise aujourd'hui qu'en créant des réserves pour protéger des habitats riches et originaux, nous négligeons des milieux plus banals et provoquons la disparition d'espèces communes.

Lexique

ADN (acide désoxyribonucléique)
Molécule commune à tous les êtres vivants, qui renferme, sous forme de "phrases" très précises, les gènes, c'est-à-dire le mode d'emploi pour la fabrication de toutes les cellules qui forment un organisme. Transmis de génération en génération, l'ADN est la base de l'évolution de l'être vivant.

Arthropodes
Tous les animaux invertébrés dont les pattes sont articulées : les insectes, mais aussi les crustacés, les myriapodes et les arachnides.

Biodiversité
Diversité de l'ensemble des êtres vivants sur terre, des organismes unicellulaires, comme les bactéries, aux animaux ou végétaux les plus complexes.

Chaîne alimentaire
Manière de relier entre eux les êtres vivants en posant la question : "Qui mange qui ?" Par exemple l'herbe, le criquet, le lézard et la chouette sont les maillons d'une chaîne où l'herbe est mangée par le criquet, le criquet par le lézard, et le lézard par la chouette.

Couvain
Larves* et œufs de fourmis ou d'abeilles.

Cuticule
Couche externe du corps des insectes. Elle forme une sorte d'armure, l'exosquelette, à la fois légère et très résistante.

Écosystème
Ensemble formé par des êtres vivants (animaux, végétaux et organismes unicellulaires) et par le milieu dans lequel ils vivent. Dans un écosystème, tous les éléments interagissent de manière complexe et sont, en principe, en équilibre.

Élytres
Première paire d'ailes rigides d'un coléoptère.

Entognathes
Petits animaux, proches parents des insectes, aux pièces buccales* cachées.

Entomologiste
Scientifique qui étudie les insectes.

Essaimage
Chez les insectes qui vivent en société, tels les fourmis, les abeilles ou les termites, un grand nombre d'individus sexués* (mâles et femelles) apparaissent ponctuellement au cours de l'année et quittent tous ensemble le nid pour se reproduire et fonder de nouvelles colonies : c'est l'essaimage.

Exuvie
Enveloppe corporelle dont l'insecte se débarrasse lorsqu'il mue.

Fossile
Vestige ou empreinte laissé, par exemple dans la roche, par des plantes ou des animaux qui ont existé sur terre il y a des milliers ou des millions d'années.

Fouisseuses
Désigne la capacité des pattes de certains animaux à creuser des galeries dans le sol pour s'y enfouir.

Hémolymphe
Nom donné au "sang" des insectes.

Hétérométabole
Se dit du développement d'un insecte dont la larve* ne change pas d'aspect depuis sa sortie de l'œuf jusqu'au stade adulte.

Holométabole
Se dit du développement d'un insecte dont la larve*, à sa sortie de l'œuf, ne ressemble pas du tout à l'adulte et subit une métamorphose*.

Larve
Petit des insectes. À l'inverse des adultes, les larves sont incapables de se reproduire.

Métamorphose
Transformation de la larve* en adulte, chez les insectes holométaboles*. Elle passe par un stade intermédiaire : la nymphe, appelée chrysalide chez les papillons.

Mimétisme
Fait de ressembler à un autre insecte ou à un élément de l'environnement, une branche ou une feuille, par exemple.

Ovule
Cellule reproductrice femelle, chez les animaux comme chez les végétaux. Chez ces derniers, l'ovule fécondée par le pollen se transforme en graine qui, en germant, donnera naissance à une nouvelle plante.

Parasite
Organisme qui vit en partie au dépens d'un autre, l'hôte. Lorsque le parasite se développe à l'intérieur du corps de l'hôte, ce dernier meurt presque toujours des dommages infligés par le parasite.

Parthénogénèse
Manière de se reproduire sans fécondation. Sans avoir besoin des mâles, les femelles pondent des œufs fertiles qui donneront exclusivement naissance à des femelles.

Phéromone
Molécule libérée dans l'air, sorte d'odeur imperceptible à l'homme, qui permet aux insectes de communiquer entre eux. Les phéromones sexuelles, notamment, permettent aux femelles d'attirer les mâles, parfois à des kilomètres de distance.

Phytophage
Se dit d'un animal qui se nourrit de plantes.

Pièces buccales
Appendices qui permettent à l'insecte d'aspirer ou de broyer sa nourriture.

Séquenceur d'ADN
Appareil permettant d'obtenir, par réactions chimiques, le détail des "phrases" de la molécule d'ADN* et donc du mode d'emploi de la construction des cellules.

Sexué
Chez les insectes vivant en société, individu capable de se reproduire, par opposition aux ouvrières, qui sont stériles.

Vecteur
Organisme qui sert d'intermédiaire entre un parasite* et son hôte. La mouche tsé-tsé, par exemple, est le vecteur du parasite responsable de la maladie du sommeil ; en piquant un homme ou une vache, la mouche contamine l'hôte en injectant ce parasite.

Index

Références iconographiques

1re de couverture : Christian Jégou ; hg : Kirby Wolfe ; hd : Dennis Matthews/ANTphoto.com – 4e de couverture h : Pascal Goetgheluck/PHONE ; b : BBC – page de titre h : François Gilson/Bios ; b : Gérard Blondeau – 3 : J.L. Paumard/COLIBRI – 4 h : Gilles Bosquet ; m : Bruno Congar ; b : Robert Thompson – 5 h : Jean Haxaire ; b : Luc Favreau – 6 h : Bruno Congar ; b : François Gohier/PHONE – 7 g : Steve Hopkin ; d : Bruno Congar – 8-9 : Bruno Congar – 10-11 : Gilles Bosquet – 12 h : Rodolphe Rougerie ; b (insectes dans encadré) : Valérie Coeugniet – 13 h (insectes dans tableau) : Bruno Congar ; b : Valérie Coeugniet – 14 : Luc Favreau – 15 h : Robert Thompson ; b : Luc Favreau – 16 g : Kirby Wolfe ; d : BBC – 17 h : Isabelle Prevot/SUNSET ; b : Bernard Chaubet – 18 : Robert Thompson – 19 h : SUNSET/LORNE ; m : Jean-Christophe Vincent/BIOS ; b : Gérard Blondeau – 20-21 : Bruno Congar – 22-23 : Bruno Congar – 24-25 : Bruno Congar – 26-27 : Albert Visage/PHONE ; 27 b (papillons) : Valérie Coeugniet – 28 h : Robert Thompson ; b : Robert Thompson – 29 h : Rodolphe Rougerie ; mg : Fred Muller/BIOS ; md : BBC ; bd : Dennis Matthews/ANTphoto.com – 30 : Robert Thompson – 31 h : Gilles Bosquet ; b : Jean-Marc Brunet/SUNSET – 32 g : Gérard Lacz/SUNSET ; d : J.M. Pouyfourcat/COLIBRI – 33 g : Robert Thompson ; d : F. Merlet/COLIBRI – 34 h : SUNSET/LORNE ; bg : Patrick Lorne/SUNSET ; 34-35 b : François Gilson/BIOS – 35 hd : Robert Thompson ; mg : François Gilson/BIOS ; bd : BBC – 36 : Bruno Congar – 37 hg : Gérard Blondeau ; mg : BBC ; md : Robert Thompson ; b : Robert Thompson – 38 b : BBC ; 38-39 : Patrick Lorne/SUNSET – 39 b : Valérie Coeugniet – 40-41 : Christian Jégou – 42 : Robert Thompson – 43 hg : Kirby Wolfe ; hd : Kirby Wolfe ; mg : Robert Thompson ; md : Rodolphe Rougerie ; bd : Robert Thompson – 44 hd : J.L. Paumard/COLIBRI ; mh : J.L. Paumard/COLIBRI ; mg : Rodolphe Rougerie ; md : Gérard Blondeau ; b : Gérard Blondeau – 45 hg : Pascal Goetgheluck/PHONE ; hd : Laurent Conchon/BIOS ; bg : Olivier Born/PHONE ; bd : Jean Haxaire – 46 : Jean-Marie Tracol – 47 : Robert Thompson – 48 h : Robert Thompson ; b : J.L. Paumard/COLIBRI – 49 h : Gilles Bosquet ; bg : Gérard Blondeau ; bd : Luc Favreau – 50 b : Gilles Bosquet – 50-51 : Patrick Lorne/SUNSET – 52-53 : Muséum national d'Histoire naturelle (images de poux prises au microscope à balayage électronique) – 54-55 : SUNSET – 55 h : HOLT STUDIOS/SUNSET ; b : Luc Favreau – 56 b (insectes dans encadré) : Gilles Bosquet – 56-57 : J.M. Prevot/COLIBRI – 58 h : Valérie Coeugniet ; bg : Gérard Blondeau ; bd : F. Merlet/COLIBRI – 59 h : ANT PHOTO LIBRARY/SUNSET ; m : Gérard Blondeau ; b : Gérard Blondeau – 60 g : Robert Thompson ; d : Gérard Blondeau – 61 hd (insectes dans encadré) : Valérie Coeugniet ; mg : Gilles Bosquet ; bd : Robert Thompson – 62-63 Robert Thompson – 64 h : Robert Thompson ; b : Gérard Blondeau – 65 h : Robert Thompson ; bd : Gérard Blondeau – 66 h : Gérard Blondeau ; b : François Gilson/BIOS – 67 h : Rodolphe Rougerie ; m : Gérard Blondeau ; b : Robert Thompson – 68-69 : Rodolphe Rougerie – 70 : Gérard Blondeau – 71 h : BBC ; m : Gérard Blondeau ; b : Luc Favreau – 72-73 : FLPA/SUNSET – 73 b (insecte dans encadré) : Gilles Bosquet – 74-75 : François Gilson/BIOS

Les pictogrammes illustrant la frise chronologique ont été dessinés par Nicolas Julo.

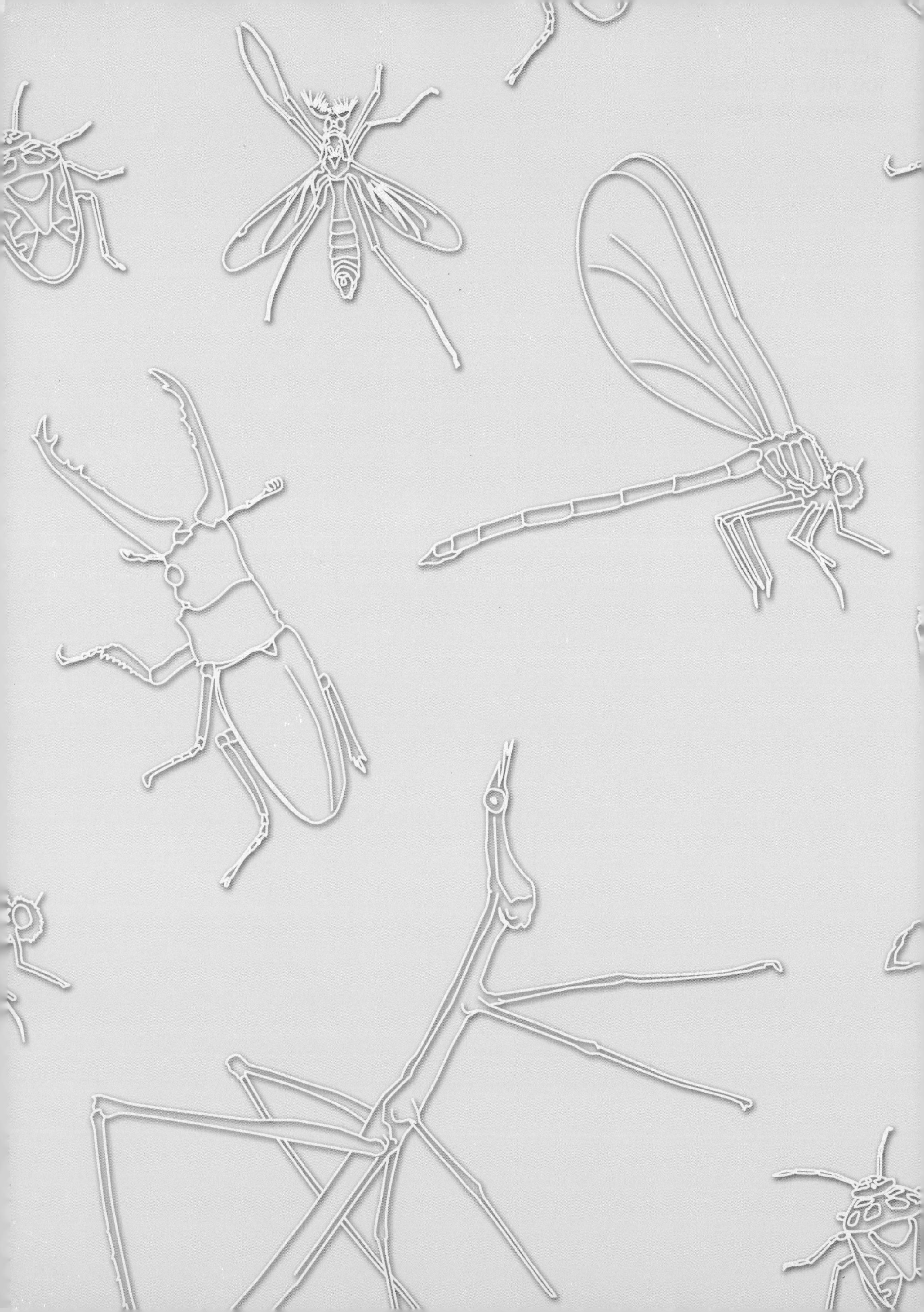